现代企业
网络市场营销研究

杜丽岩 著

内容提要

为了适应当前社会发展，本书打破了有关企业网络市场营销的单向性研究模式，通过对网络市场营销整体构成体系的研究，突出了本书的完整性和全面性。另外，本书还结合当前我国企业面临的市场环境不断变化、市场营销的相关理论也在不断更新的现状，以国内外学者最新研究成果为借鉴，对企业网络市场营销理论的最新发展进行了深入探析，具有较强的实效性。

图书在版编目（CIP）数据

现代企业网络市场营销研究 / 杜丽岩著. -- 北京：中国水利水电出版社，2015.6（2022.9重印）
ISBN 978-7-5170-3107-9

Ⅰ.①现… Ⅱ.①杜… Ⅲ.①企业管理－网络营销－研究 Ⅳ.①F274

中国版本图书馆CIP数据核字(2015)第083118号

策划编辑：杨庆川　责任编辑：陈　洁　封面设计：崔　蕾

书　　名	现代企业网络市场营销研究
作　　者	杜丽岩　著
出版发行	中国水利水电出版社
	（北京市海淀区玉渊潭南路1号D座 100038）
	网址：www.waterpub.com.cn
	E-mail：mchannel@263.net（万水）
	sales@mwr.gov.cn
	电话：(010)68545888（营销中心）、82562819（万水）
经　　售	北京科水图书销售有限公司
	电话：(010)63202643、68545874
	全国各地新华书店和相关出版物销售网点
排　　版	北京厚诚则铭印刷科技有限公司
印　　刷	天津光之彩印刷有限公司
规　　格	170mm×240mm　16开本　12.75印张　165千字
版　　次	2015年8月第1版　2022年9月第2次印刷
印　　数	3001—4001册
定　　价	42.00元

凡购买我社图书，如有缺页、倒页、脱页的，本社发行部负责调换

版权所有·侵权必究

前　言

随着互联网在全世界范围内普及,网络的优势和价值已经为市场所认同,并已应用于各种商业活动中,极大地推动了电子商务的迅猛发展。近年来,越来越多的企业开始重视并热衷于网络营销实践。网络日益成为企业扩大宣传、推广产品服务、塑造品牌、为消费者提供各种体验的重要渠道。网络营销是指企业以互联网络为媒介,通过电子化手段来实施商业贸易活动的一种新型的营销方式,它包括利用网络搜集、发布信息,进行市场调研、市场分析和市场决策,组织产品销售,实施售前、售后服务等商务活动。随着中国加入世界贸易组织,全球经济一体化趋势日趋显著,中国企业在全球市场中的参与度和竞争力不断加强,企业网络化、信息化进程不断加速,使得企业网络营销随着互联网的产生和发展而日益成熟。

本书正是在这一背景下,适应社会发展的需要而著。本书从企业市场营销的实际出发,坚持理论与应用相结合的原则,阐释了现代企业网络市场营销的相关问题和策略,内容涉及网络市场营销的基础理论、网络市场调研、网络消费者购买行为的分析、网络营销战略规划、网络市场营销的工具和方法、网络市场营销策略以及网络市场营销的评价与管理等内容。纵观全书,主要有以下两个特点:一是结构系统完整。本书不是局限于对企业网络市场营销的某个方面进行研究,而是全面研究现代企业有关网络市场营销战略与策略的各个方面,并且所研究的内容是一个有着内在联系的整体。二是注重时效性。近年来,企业面临的市场环境不断变化,市场营销的相关理论也在不断更新。本书结合国内外学者的最新研究成果,探讨了企业网络市场营销理论的最新发展。

　　书中参考、引用了许多专家、学者的研究成果,在此表示衷心的感谢!由于现代企业面对的市场环境处于发展变化之中,我们的研究定有局限,书中亦难免有疏漏与不足,敬请读者批评指正,以期在后续的研究中加以补充和完善。

作者
2015 年 1 月

目 录

前言

第一章 网络市场营销概述 ………………………………… 1
第一节 网络市场营销的概念 …………………………… 1
第二节 网络市场营销的基本体系和功能 ………………… 7
第三节 网络市场营销的理论基础 ………………………… 13
第四节 网络市场营销与传统市场营销 …………………… 21

第二章 企业网络市场调研方法与实施 ……………………… 29
第一节 网络市场调研概述 ……………………………… 29
第二节 网络市场调研的策划与实施 ……………………… 41
第三节 网络商务信息管理 ……………………………… 54

第三章 网络消费者购买行为分析 …………………………… 60
第一节 网络消费者与消费市场 ………………………… 60
第二节 网络消费者的购买行为及特点分析 ……………… 66
第三节 网络消费者购买决策过程及影响因素分析 ……… 79

第四章 企业网络营销战略规划 ……………………………… 86
第一节 企业网络市场营销战略分析 ……………………… 86
第二节 企业网络市场营销战略的理论基础与策略
　　　 组合 ……………………………………………… 97
第三节 企业网络市场营销战略的规划 …………………… 107

第五章　企业网络市场营销的工具和方法 …………… 112
第一节　企业网站的推广 …………………………… 112
第二节　搜索引擎营销 ……………………………… 119
第三节　E-mail 营销 ………………………………… 126
第四节　博客与社区营销 …………………………… 134
第五节　微信营销 …………………………………… 139

第六章　企业网络市场营销策略分析 ………………… 149
第一节　网络营销产品策略 ………………………… 149
第二节　网络营销价格策略 ………………………… 153
第三节　网络营销广告策略 ………………………… 156
第四节　网络营销渠道策略 ………………………… 163
第五节　网络营销服务策略 ………………………… 167
第六节　网络营销促销策略 ………………………… 169
第七节　网络营销策划活动的管理 ………………… 172

第七章　企业网络市场营销效果的评价与管理 ……… 175
第一节　企业网络市场营销效果评价体系的构建 … 175
第二节　企业网络市场营销效果评价的意义和方法 … 183
第三节　网络市场营销的风险控制 ………………… 187

参考文献 …………………………………………………… 196

第一章 网络市场营销概述

20世纪50年代以来,市场营销学得到了迅速的发展,随着各种新型营销工具的出现和使用,市场营销也向着更为广泛的领域迈进。Internet作为新兴的事物和技术手段,它与市场营销的结合催生了一种新的营销模式——网络营销。随着计算机和网络的普及,网络营销显示出了强大的生命力和广阔的发展前景。

第一节 网络市场营销的概念

网络市场营销作为企业整体营销策略的一个重要组成部分,在企业的营销体系中占有重要的地位,尤其是在电子商务迅速发展的今天,网络营销已经成为关系营销战略成败的重要因素。

一、网络营销的概念

(一)网络营销概念

网络营销是企业营销方式的一种,它是随着网络信息技术的发展而出现的一种营销方式。具体来说,网络营销就是利用互联网技术,通过现代化的营销手段来扩大企业影响,提高市场占有率的一种营销策略。随着经济的进步和技术的发展,传统的营销模式已经不能满足消费者的需求,网络营销正是为了适应这种新的变化,在更广泛的范围满足客户的需求而出现的一种营销方式。随着人们对市场和消费者认识逐渐深入,企业更加清晰地感受到无论采用什么样的销售手段,其最终的效果最终都取决于顾客的感受。从这一点来看,网络营销实质上就是对顾客需求和消费感受的经营,只有充分认识到这一点,企业才能在网络营销中取得想要的结果。

网络营销从广义上讲,是以互联网为主要手段为达到一定营销目标的经营活动。网络营销的流程如图1-1所示。

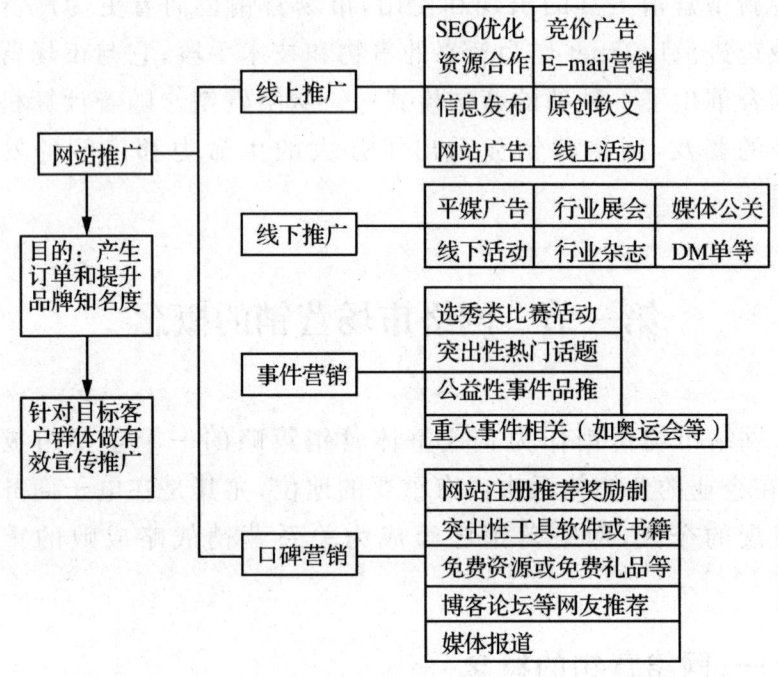

图1-1 网络营销流程图

(二)网络营销的概念区分

要想清晰了解网络营销的全貌,需要准确把握以下几组概念。

1. 网络营销是一种手段而并非目的

营销是一种目的性明确的企业行为,但就网络营销而言,它只是达到营销目的的一种手段。网络营销服务于营销,我们不应舍本逐末将互联网的应用作为营销的目的,生搬硬套进行营销活动。网络营销运用得当,能够迅速形成市场宣传优势,在市场竞争中获得更有利的位置。

2. 网络营销并非是网上销售

网上销售归根结底是一种营销行为,它是网络技术与市场营销的结合,我们不能简单地认为网络营销就是将货物在网络上销售,这种观点极其片面。其一,从网络营销的职能来理解:网络营销有多种职能,而网上销售只是多种职能中的一种而已,但并不是必须具备的职能,一些企业网站并不具备开展网上销售的功能,但是同样可以开展网络营销,对企业的产品和形象进行宣传和推广。其二,从网络营销的效果来理解:因为网上销售并不是网络营销的唯一结果,开展网络营销还可以增加顾客的忠诚度、促进网下销售的增加、提升企业的品牌形象等多种效果。

3. 网络营销不是孤立存在的

网络营销是一个完整的营销链条,它与其他营销方式一样是企业营销体系的组成部分,与其他营销方式和营销渠道具有紧密的联系。在大多数情况下,网络营销都是作为传统营销的补充和增强因素存在与整个企业营销体系之中的。

4. 网络营销不等于网站推广

在网络营销发展初期,很多企业没有清晰辨别出网络营销和网站推广,混淆了二者关系,认为只要建立了企业网站并且通过各种方法将网站推广出去就是网络营销了。这是一种错误的观点。网站推广并不是网络营销的全部内容。反映到实际中,虽然企业网站访问量大幅度增加,搜索引擎也登录了,但是客户和订单却没有多少,这是因为相关配套的网络营销措施和举动不到位造成的。

5. 网络营销不是"虚拟营销"

网络是虚拟世界。网络上的营销就被人们称之为"虚拟营销",其实这种说法是不恰当的。因为网络营销无论从营销手段,还是营销效果来说,都是实实在在的,并且网络营销更符合现代社会的发展需求。在互联网中,虽然我们看不到消费者具体情况,但是我们可以通过技术手段来明确消费者的来源、群体、年龄、消费特点等信息,这对企业营销方式的改善和营销策略的调整具有重要的意义。因此,我们说网络营销是一种手段与效果并重的营销,并不是一种"虚拟营销"。

6. 网络营销不等于电子商务

网络营销、电子商务,二者既紧密联系,又显著区别。

(1)紧密联系表现在:一是网络营销是电子商务的一部分,也是电子商务得以开展的基础,电子商务活动一般都是从网络营销开始进行的,但我们要明确网络营销的开展并不意味着企业电子商务业务的实现。二是网络营销能够自电子商务之下发挥出做大的效用,它是电子商务开展的重要环节之一。我们可以将电子商务看作网络营销的发展的高级阶段,标志着网络营销的成熟。网络营销与电子商务是相互支持、相互促进的,但是二者并不相同。

(2)相互区别表现在:电子商务与网络营销关注的范围和重点有所差异。从研究范围来看,电子商务研究的网络交易的方式、过程以及交易的细节;网络营销研究的是营销的效果、方式与过程。从关注重点来看,电子商务的重点是在线交易以及交易的便捷性;网络营销关注的重点是营销效果,即是否能够激起消费者的购买欲望,促成交易。

二、网络营销的内容和特征

(一)网络营销的内容

网络是网络营销存在的基础,没有网络的支持网络营销根本不可能开展起来。作为一种新兴的营销方式,网络营销做内容十分丰富,并且还有待人们的开发。一般来说,网络营销的主要内容有以下几个。

1. 网上市场调查

市场调查是制定营销计划的基础,它关系到营销的效果和成败,没有全面的市场调查做基础,营销工作很可能面临失败的后果。同样在网络营销中,市场调查也是一项不可或缺的工作,所不同的是网络营销依托于网络市场调查的结构决策。网络市场调查和网络营销一样,都是随着互联网技术的发展而逐渐兴起的,其优点主要是信息整理收集速度快、覆盖面广、信息针对性强、信息更新速度快等,这是传统市场调查所不具备的特点。

2. 网络消费者心理、行为分析

网络消费者是通过网络来购买商品、服务来满足自己需求的市场消费主体。网络消费者是一个新兴的消费者群体,他们与传统意义上的消费者有着很大的差异和不同。企业生产产品最终是要卖给消费者的,如果不对消费者的需求进行合理的调查与分析,企业即使不惜成本进行营销活动,其效果很可能也不尽人意。互联网将不同职业、不同兴趣、不同背景、不同收入、不同群体的消费者聚集在一起,企业要针对不同消费者群体的需求设计针对性的营销策略才能起到事半功倍的效果。

3. 网络营销策略的制定

网络营销是企业未来营销发展的一个重要趋势,要想在未来的市场竞争中脱颖而出,企业一定要重视网络营销,制定长远的发展计划。企业网络营销策略的制定要有针对性,在充分考虑企业实力和市场行情的基础上,明确市场目标,并且要敢于投入,在重点领域的推销和宣传一定要到位,只有这样才能保证企业网络营销的效果。

4. 网络产品和服务策略

网络营销模式改变了传统的营销渠道。网络产品和服务一定要注重自身的质量和服务态度,并针对销售目标对产品和服务进行适当的包装和新的开发,不仅要将传统市场的优势延伸到网络营销领域,还要充分开发网络营销带来的新商机。

5. 网络价格营销策略

互联网诞生的初衷就是为大众提供一个免费、安全、自由的信息获取和交流的渠道。由于中间环节较少,因此网上的东西一般价格较低,低价策略成为互联网营销的一个重要思路。网络上很火的"团购"正是体现了这一点。所以,在网络营销中通过机制创新来降低产品的价格,形成一个良性的价格—利润机制是互联网定价策略必须要考虑的问题。

(二)网络营销的特征

1. 理论性

网络营销以国内外众多新的营销理念和国内外新的实践探索为基础,吸取了其中新的营销理念的精髓,在此基础上发展起来的。网络营销理论还借鉴了多种学科理论,诸如计算机科学、网络技术、通信技术、密码技术、信息安全技术、应用数学、信息学等学科。网络营销表现出了鲜明的理论性。

2. 跨时空性

网络本身具有超时空性。依托于网络,企业可以跨越时间和空间的限制,在更大的空间、更自由的时间段进行营销活动。企业可以面向全球进行营销活动,更多地占领市场份额。

3. 互动性

网络营销的互动性有两层含义:一是企业通过网络展示产品和服务的基本信息,并连接这种基本信息,方便于商品信息的查询;二是企业通过网络与顾客实现双向互动,收集、反馈顾客意见,进行顾客对产品和服务满意度的调查。在这种互动式营销中,买卖双方可以随时随地进行互动式双向交流,而非传统营销中的单向交流。企业也可以通过因特网收集市场情报为企业做出正确的决策提供可靠而有效的依据。

4. 多媒体性

在互联网上，企业营销运作成本较低。网络媒体的多样性，也就是网络上的信息交换具有多种形式，除了传统的文字、声音、图像外，还有各种电子传送模式，网络营销主体借助于这些新兴的媒体传送模式(E-mail、博客、社区、BBS等)，更好地发挥创造性，增加网络营销的效果。

5. 人性化

互联网上的销售活动是消费者为主导的，抹去了商家的强迫性，同时兼具"一对一"的特征。这是由于这些特征，网络销售具有人性化的特征，这与传统推销活动的强势推销模式截然不同，这有助于企业与消费者建立起一种持久的、稳固的、相互信任的良好合作关系。

6. 经济性

网络营销成本较低，可以大大节约实体店面费用、印刷与邮递成本、水电与人工等销售成本和由于多次交换带来的损耗。网络销售顾客群较大，企业能够获得更多的经济利益。

7. 高效性

互联网本身就是一个巨大的信息存储系统，信息的发布与传送超乎人们的想象。海量的信息可以帮助顾客查找到适合自己的商品服务，使企业可以知道顾客的需求，进而企业能够适应市场需求，更新产品或调整价格。

第二节　网络市场营销的基本体系和功能

掌握网络市场营销的基本体系和功能，才可以更好地了解与认识网络市场营销，并在网络市场营销实务中更好的从整体上对其进行把握和运用。

一、网络营销的体系

网络营销系统主要由基于企业内联网(Intranet)的企业管理信息系统、网络营销站点、支付与配送体系和企业经营管理组织人员组成。

(一)企业内部网络系统

信息经济时代,企业电子商务活动的实现离不开必要的网络物质基础与网络互联技术。当前,互联网作为全球商用信息交换最便捷的渠道已经为企业广泛使用。与此同时,互联网技术的迅猛发展也为企业内部网络系统的开发、应用、维护提供了良好的技术借鉴,将互联网的技术应用于企业网络环境中就是 Internet。在充分利用互联网提供的信息资源的同时,一方面可对外进行广泛的信息传递,吸引更多客户并提供技术支持与服务;另一方面可以更经济更方便地开展企业内部的信息交流与共享,提高企业信息传递的速度和准确性,降低企业内部管理成本,提高管理水平。

(二)企业管理信息系统

一个完整的具有网络营销功能的电子商务系统是企业开展网络营销的基础,随着企业信息化趋势的逐渐加强,企业信息管理系统的建设与开发成为企业发展中一项重要的战略性工作。企业信息管理系统是企业信息处理的核心,它担负着企业信息的搜集、整理、分析、存储以及传递,在其帮助下企业能够依靠其数据库存储的有效信息,科学对企业管理中的各个事项进行决策。企业信息管理系统最基本的是数据库管理系统,它是各项功能得以实现的基础,因此从某种意义上来说,企业的信息管理系统建设实际上就是建设企业自己的数据信息库。

由于企业组织间的功能差异,在信息管理系统的建设过程中,我们可以以此为依据将信息管理系统化分别为销售信息系统、制造信息系统、人力资源信息系统、财务信息系统以及市场信息系统等。企业信息系统是一个综合性信息处理与应用系统,它能够极大的提高企业运作的效率,提高决策的科学性,避免各种决策失误和风险的发生。

(三)网络营销站点

网络营销站点是在企业 Internet 上建设的具有网络营销功能的、能连接到互联网上的 WWW 站点。网络营销站点起着启承作用:一方面它可以直接连接到互联网,企业的消费者和供应商能够通过网站直接浏览企业的基本信息,建立基本的企业影响,并且还能够通过网站实现与企业的直接交易;从另一方面来说,企业网站还是市场信息与内部信息的交换站,它可以将市场需求信息传送到企业管理信息系统,让管理信息系统来根据市场变化组织经营管理活动。国际上实施网络营销成功的案例中,都是通过专门的销售网站实现的,另外还有很多知名的企业为了提高网络营销的效果专门设有自己的交易与销售网站。

(四)支付与配送

支付结算是任何交易模式下的必要环节,是卖方实现交易目标的重要标志。一个典型的网上交易,支付结算是在线完成的,由先进的通信技术和可靠的安全技术构成的安全高效的电子支付系统是网络营销系统的重要构成。这样一个系统的构成需要企业、金融部门及全社会的共同合作,如图 1-2 所示。

另外,一个完整的网络营销系统,离不开高效的物流配送系统的支持,企业利用自有的或第三方物流公司将顾客在线购买的产品及时送到顾客手中,完成交易过程,如图 1-3 所示。目前,支付与配送是我国企业网络营销系统中的两个薄弱环节。

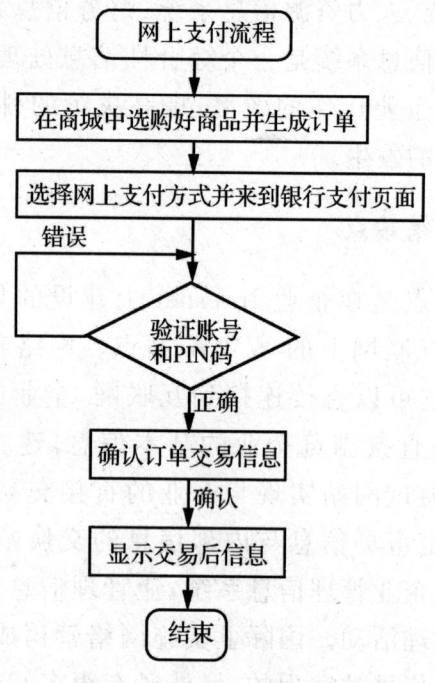

图 1-2　网上支付流程图

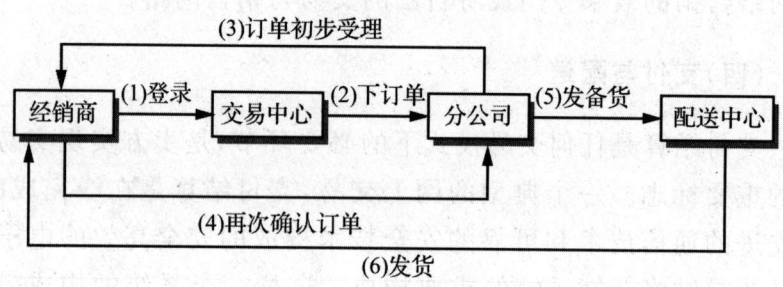

图 1-3　网络营销配送图

二、网络营销的功能

(一)网络品牌创建

网络营销的基本任务就是提高企业产品的知名度,并在互联网上建立良好的品牌形象,使企业能够在线下依靠良好的网络声誉拓展销售网络。在信息交易无比频繁的今天,互联网作为信息交流的重要渠道，它既为网络营销提供了便利的条件，也是企业在众多产品宣传中取得成功的挑战所在。在互联网时代，无论大企业还是小企业都可以通过正当的途径与方式参与到网络竞争中，并且小企业别出心裁的营销方式经常能够取得在线下市场难以取得的成功。网络品牌价值是互联网营销的最突出的成果，它能够以较低的成本为企业换取更多的经济效益。

（二）网站推广

企业网站成功的重要标志之一是网站的访问量，尤其是对于中小企业来说，在有限的经营资源下，可以通过互联网完成企业信息介绍、企业新闻发布、新产品信息展示等营销手段，这些是在经营资源限制下，企业线下营销难以实现的。可以说，通过网络企业可以实现相对公平的竞争平台，这也是网络营销更为中小型企业所青睐的重要原因。当然，对于大企业来说网络营销也是必不可少的一种营销手段，一方面大企业可以通过自己线下的品牌声誉积累来进一步扩大自身的品牌影响力，但事实上大型企业往往更加依赖传统营销，其网站虽然制作精美，但大多数的访问量却并不高，这也促使大企业要加大自己的网络营销力度；另一方面，大企业通过网络营销的开展能够推动电子商务的发展，可以有效降低成本，提高利润空间，也可以为应对各种市场变化留下足够的调整余地。

（三）信息发布

互联网实际上就是一个无限开放的信息交流与发布平台，网络营销在互联网中可以通过高效的途径有针对性的向目标群体传递自己的产品、服务信息，提高产品的知名度，因此信息的发布与推广是网络营销的基本功能之一。Internet的存在为企业提供了一个便捷的信息交流与发布平台，企业不仅可以将信息发布在自己的网站上，还可以将信息在其他信息平台上进行发布，以获得更好的宣传效果。可以说在互联网技术的支持下，网络营销可以在全球任何一个地方发布自己的产品信息。

(四)销售促进

市场营销的基本目的是为最终增加销售提供支持,网络营销也不例外,各种网络营销方法大都直接或间接地具有促进销售的效果,同时还有许多针对性的网上促销手段,这些促销方法并不限于对网上销售的支持,事实上,网络营销对于促进网下销售同样很有价值,这也就是为什么一些没有开展网上销售业务的企业一样有必要开展网络营销的原因。

(五)网上销售

互联网销售虽然是一种新的销售模式,但追根溯源它只是企业销售网络向互联网领域的延伸,在网络营销中,网站不仅担负着宣传的责任,同时它还是一个功能完整的交易平台,用户可以通过网站进行网络支付,完成交易事项。因此开展网络营销与电子商务的基础是功能齐备的网站,这也就意味着网络销售并不是大企业的专美,小企业也可以建立自己的网站,实现网络销售,建立起自己的电子商务系统。

(六)顾客服务

在互联网营销中,通过客户关系管理企业能够实现对客户资源的统一调配和利用,并集中自身的优势资源建立起完成的客户服务体系,提升用户的服务体验,从而保证自己的消费群体的稳定,同时对提高企业的品牌形象也具有重要的作用。Internet为企业提供了更为便捷和迅速的顾客服务系统,从最简单的邮件回复,到更为贴心的客服真人服务,无论是哪种服务形式都是传统营销难以实现的。在线客户服务能够有效节约企业人力资源,提高企业的客户服务的效率,并且在电子商务和网络营销的影响下,在线客户服务能够肩负起改善产品服务和质量的重要职责。

(七)客户关系

顾客关系是企业建立品牌形象的重要依仗,如果企业与顾客的关系稳定,顾客无形中就会起到品牌宣传和推广的作用。以顾客为中心的营销方式,得到了很多企业家的认同,但过去由于技术条件的限制难以实现,随着互联网技术的逐渐成熟,顾客关系管理与顾客中心经营成为企业重要的竞争手段。

第三节 网络市场营销的理论基础

理论是指导实践的基础,只有对网络市场营销的理论进行深刻的研究,提高对网络市场营销工作的认识与理解,才能更好地对企业实践进行指导,提高其网络市场营销工作的效率和效果。

一、直复营销理论

直复营销(Direct Marketing),是指依靠产品目录、印刷品邮件、电话或附有直接反馈的广告以及其他相互交流形式的媒体的大范围营销活动。根据美国直复营销协会(America Direct Marketing Association,ADMA)为直复营销下的定义,直复营销是一种为了在任何地方产生可度量的反应和(或)达成交易而使用一种或多种广告媒体的相互作用的市场营销体系。在互联网时代,网络直复营销表现出以下几个特征。

(一)直复营销的跨时空特征

直复营销活动强调的是在任何时间、任何地点,都可以实现营销者与顾客的双向信息交流。互联网的持续性和全球性的特征,使得顾客可以通过互联网,在任何时间、任何地点直接向作为营销者的生产企业提出服务请求或反映问题;企业也可以利用互联网,低成本地跨越地域空间和突破时间限制与顾客实现双向交流。

(二)直复营销的互动性

直复营销是一种有效的营销手段,并且是一种互动性很强的营销方法,其特别强调企业与顾客间的信息交流,目的是克服传统营销中,企业与顾客缺少交流的弊端,并且直复营销强调的交流是双向交流,效果显著。互联网是一个极度开放且兼具互动作用的信息交流平台,这与直复营销的目的不谋而合,因此通过网络开展直复营销是企业互联网营销重要的理论依据。在互联网上,企业可以通过电子邮件、在线交流等手段直观的了解消费者的需求,这对企业把握市场动向、调控市场方向具有重要的意义,并且"急顾客之所急"的营销思路,从根源上促进了企业营销工作的开展。

(三)直复营销的效果可测定

直复营销的一个最重要的特性,就是营销活动的效果是可测定的。互联网作为最直接的、简单的沟通工具,可以很方便地为企业与顾客提供沟通支持和交易平台,通过数据库技术和网络控制技术,企业可以很方便地处理每一位顾客的购物订单和需求,而不用考虑顾客的规模大小、购买量的多少。这是因为互联网的沟通费用和信息处理成本非常低廉。因此,通过互联网可以最低成本、最大限度地满足顾客需求,同时还可以了解顾客的需求,细分目标市场,提高营销效率和效用。

(四)直复营销的一对一服务

直复营销活动中最关键的是为每个目标顾客,提供直接向营销者反映情况的通道。这样企业可以凭借顾客反映,找到自己的不足之处,为下一次直复营销活动做好准备。由于互联网的方便、快捷性,使得顾客可以方便地通过互联网直接向企业提出购买需求或建议,也可以直接通过互联网获取售后服务。企业也可以从顾客的建议、需求和希望得到的服务中,找出企业的不足,改善企业自身的经营管理,提高服务质量。

网络营销作为一种有效的直复营销策略,源于网络营销的可测试性、可度量性、可评价性和可控制性。因此,利用网络营销这一特性,可以大大改进营销决策的效率和营销执行的效用。

二、整合营销理论

在当前后工业化社会中,第三产业中服务业的发展是经济主要的增长点,传统的以制造业为主的产业的正向服务型发展。新型的服务业如金融、通信、交通等产业如日中天。后工业化社会要求企业的发展必须以服务为主,必须以顾客为中心,为顾客提供适时、适地、适情的服务,最大程度上满足顾客需求。互联网作为跨时空传输的"超导体"媒体,可以为顾客所在地提供及时的服务,同时互联网的交互性可以了解顾客需求并提供针对性的响应。互联网可以说是消费者时代中最具魅力的营销工具。

互联网对市场营销的作用,可以通过对4P'S(产品/服务、价格、分销、促销)结合发挥重要作用。利用互联网传统的4PS营销组合可以更好地与以顾客为中心的4C'S(顾客、成本、方便、沟通)相结合。

(一)以顾客能接受的成本定价

传统的定价方式是以企业的生产成本和市场需求为基准的,并且受市场需求影响很大,这与现代营销的理念是不符合的,必须要摒弃。现代市场营销要求以顾客需求为导向,以顾客接受程度为基础进行定价,这样可以既可以保证产品的市场需求,又可以保证企业产品价格在一定时期内的稳定,这种方式我们可以称之为价格认同机制,这种顾客有需求且认同其价格的商品,对市场冲击而造成的价格波动具有极强的免疫能力。这种策略是建立在准确的市场分析与顾客分析的基础之上的,如果企业缺乏对市场的认识,那么这种策略根本不可能施行。在互联网时代,网络信息如此发达,这为价格认同机制提供了良好的前提条件,企业可以根据搜集到的信息进行有效的企业决策,并根据顾客的反应确定大众群体消费的心理价格,使企业能够从容确定商品的价格,并且在一段时期内保持稳定,提高企业的盈利能力。

（二）产品和服务以顾客为中心

由于互联网极强的互动性和引导性,企业可以通过网络对用户的消费习惯进行了解,而用户也可以通过互联网享受自己喜欢的服务模式,并根据产品特点选择自己购买的商品,这对于企业具有十分重要的意义。另外,企业可以通过互联网来了解市场的变化,灵活的调整自己的生产策略和经营策略,对市场变动所进行的提前调整可以有效地避免在经营过程中突发因素的出现而造成的经营风险和经营损失,对企业经营的稳定性提供了可靠的保障。

（三）压迫式促销转向加强与顾客沟通和联系

传统的企业促销工作是以企业为中心进行的,其所有的促销都是以企业为中心出发而制定,顾客虽然能偶在促销中享受到经济利益行的实惠,但并不一定真是顾客真正需要并且关心的,因此其结果往往是促销花费了企业大量的实践和精力,但效果往往没有预料的好,顾客也难以对其产品产生良好的印象。互联网营销一对一交流的营销手段可以很好地解决传统营销中沟通不及时的问题,提高企业营销的质量,增强顾客的参与度,由此也可见沟通与交流在营销中的作用。在传统营销中,营销工作人员滔滔不绝的向顾客介绍产品的优点,顾客由于缺乏对产品的了解,往往被牵着鼻子走,这会使消费者产生极强的压迫感,对企业营销行为产生厌烦。而在网络营销中,顾客可以通过互联网对产品的信息进行事前的了解,并且网络营销一对一交流的形式可以让顾客感受到自己重要性,由于对产品信息的了解,客服人员往往起到的是打消顾客购买顾虑的作用,顾客往往会在交流中占据主动,这也是很多人网络购物体验优于传统购物的原因所在。

(四)产品的分销以方便顾客为主

网络营销我们可以将其看作是一种一对一的分销方式,是一种跨越时间和空间的销售行为,顾客可以随时随地购买自己满意的商品,商家可以随时为顾客提供咨询和购买服务,这种交易的便利性使顾客的购物体验得到很好的满足。

三、网络软营销理论

网络软营销理论,实际上就是网络营销随着经济的发展而衍生出来的一种更为人性化的营销方式。网络软营销是针对传统营销卖方强势的"硬营销"而言的,网络营销强调顾客的在营销中必须处于核心地位,企业一切营销活动都必须围绕顾客及其需求来进行,这一点符合当今市场的需求,得到了很多企业和消费者的认可。

(一)网络营销和传统的强势营销的区别

1. 传统的营销方式

在传统的营销活动中广告和推销员几乎成了所有推销工作的代名词,人们对营销的概念和认识也停留在这两个因素之上。传统营销以企业和产品为营销中心,在宣传和推广过程中完全忽视消费者的体验,以致人们用"信息轰炸"这种词汇来描述营销行为,甚至有些企业为了在顾客心中留下深刻的印象,不惜可以采用信息轰炸引发人们的反感而达到宣传的目的。传统营销方式实际上是通过强硬的灌输加深产品和企业在消费者头脑中的印象,至于消费者是否能够接受、是否愿意接受从来不是企业考虑的因素。这种方法的直接效果有两个,一是的确加强了消费者对与产品的印象;二是引起一部分消费者的反感,对企业品牌形象造成影响。

2. 网络营销的方式

在互联网上,由于信息交流是平等、自由、开放和交互的,网络营销强调的是相互尊重和沟通,用户都比较注重个人的体验和隐私。采用网络营销的方式,顾客可以有针对性地关注自己需要的或感兴趣的信息,自由选择产品或服务,这样可降低顾客在购物时的受压迫感,增强用户的心理舒适度,有助于提高用户体验,产生良好的营销效果。若有企业在互联网上采用传统的强势营销方式展开营销活动,则一定会适得其反。

3. 网络营销与传统营销的根本区别

概括地说,软营销与强势营销的根本区别在于:软营销的主动方是消费者,而强势营销的主动方是企业。消费者在心理上要求自己成为主动方,而网络的互动特性又使他们变为主动方真正成为可能。作为一个网上的消费者,他们通常不欢迎那些不请自到的广告,但他们也会在某种个性化需求的驱动下,主动到网上去寻找相关的信息或商品广告。这时的企业会静静地等待消费者的寻觅,一旦有消费者找上了某个营销站点,这时的企业就应该活跃起来,努力把顾客留住,让消费者能满意而归。

(二)网络软营销中的两个重要概念

1. 网络礼仪

网络礼仪是互联网自诞生以来所逐步形成与不断完善的一套良好、不成文的网络行为规范,如不使用电子公告牌(BBS)张贴私人的电子邮件,不进行喧哗的销售活动,不在网上随意传递带有欺骗性质的邮件,等等。网络礼仪是网上一切行为都必须遵守的准则,网络营销也不能例外,网络营销的经营者需要牢固树立起网络礼仪的意识。例如在网上,广告不能随意闯入人们的生活,其实要做到这一点也并不难,商品的广告可做成一个个如邮票大小的图标(俗称旗帜或图标广告),当用户需要时只要点击一下,就能看到它所链接的内容翔实的广告信息,它并不像电视广告那样,不管观众是不是喜欢都直接进入你的生活。因为人们已经厌倦了电视广告式的强制性商品信息的灌输,没有一个上网爱好者希望他的信箱内塞满诸如网页、软件、网店等推销内容。

2. 网络社区

网络社区是指那些具有相同兴趣和目的、经常相互交流和互利互惠、能给每个成员以安全感和身份意识等特征的互联网上的单位或个人所组成的团体。在网上人们利用 E-mail、网络论坛、新闻组等网络工具,就共同感兴趣的话题展开讨论,形成如计算机网络、程序员、游戏、园艺爱好者、摄影爱好者甚至某球星的球迷等社区。要指出的是网络社区是用户自己创建的而不是网络本身创建的,网络仅提供了创建社区的工具和场所。网络服务商还会对他们服务范围内的社区进行维护,由专职工作人员、志愿人员和社区内畅言无忌的批评者组织讨论,安排文章发布,阻止不合乎网络礼仪的商业性广告的发送。

四、数据库营销

数据库营销,就是利用企业经营过程中收集、形成的各种顾客资料,经分析整理后作为制定营销策略的依据,并作为保持现有顾客资源的重要手段。数据库营销在企业营销战略中的基本作用表现在以下几方面。

第一,了解顾客的价值。利用数据库的资料,可以计算顾客生命周期的价值,以及顾客的价值周期。

第二,更加充分地了解顾客的需要。通过分析整理现有顾客的资料,可以总结其需求特点,帮助企业圈定潜在顾客的范围,实现有效营销。

第三,对顾客的价值进行评估。通过区分高价值顾客和一般顾客,对各类顾客采取相应的营销策略。

第四,市场调查和预测。数据库为市场调查提供了丰富的资料,根据顾客的资料可以分析潜在的目标市场。

第五,为顾客提供更好的服务。顾客数据库中的资料是个性化营销和顾客关系管理的重要基础。

第六,分析顾客需求行为。根据顾客的历史资料不仅可以预测需求趋势,还可以评估需求倾向的改变。

与传统的数据库营销相比,网络数据库营销的独特价值主要表现在三个方面:顾客主动加入、动态更新、改善顾客关系。

(一)顾客主动加入

对于现代企业而言,市场营销工作仅靠分析现有顾客资料的数据库是不够的,除了对现有资料不断更新、维护之外,还需要不断挖掘潜在顾客的资料,这项工作也是数据库营销策略的重要内容。在没有互联网的情况下,寻找潜在顾客的信息一般比较难,要花很大代价,比如利用有奖销售或者免费使用等机会要求顾客填写某种包含有用信息的表格,不仅需要投入大量资金和人力,而且受地理区域的限制,覆盖的范围非常有限。

在网络营销环境中,顾客数据的增加要方便得多,而且往往是顾客自愿加入网站的数据库。最新的调查表明,为了获得个性化服务或获得有价值的信息,有超过50%的顾客愿意提供自己的部分个人信息,这对于网络营销人员来说,无疑是一个好消息。请求顾客加入数据库的通常的做法是在网站设置一些表格,在要求顾客注册为会员时填写。但是,网上的信息很丰富,对顾客资源的争夺也很激烈,顾客的要求是很挑剔的,并非什么样的表格都能引起顾客的注意和兴趣,顾客希望得到真正的价值,但肯定不希望对个人利益造成损害。为此,需要从顾客的实际利益出发,合理地利用顾客的主动性来丰富和扩大顾客数据库。在某种意义上,邮件列表可以认为是一种简单的数据库营销,数据库营销同样要遵循自愿加入、自由退出的原则。

(二)动态更新

在传统的数据库营销中,无论是获取新的顾客资料,还是对顾客反应的跟踪都需要较长的时间,而且反馈率通常较低,收集到的反馈信息还需要烦琐的人工录入,因而数据库的更新效率很低,更新周期比较长,同时也造成了过期、无效数据记录比例较高,数据库维护成本相应地也比较大。网络数据库营销具有数据量大、易于修改、能实现动态数据更新、便于远程维护等多种优点,还可以实现顾客资料的自我更新。网络数据库的动态更新功能不仅节约了大量的时间和资金,同时也更加精确地实现了营销定位,从而有助于改善营销效果。

(三)改善顾客关系

顾客服务是一个企业能留住顾客的重要手段,在电子商务领域,顾客服务同样是取得成功的最重要因素。一个优秀的顾客数据库是网络营销取得成功的重要保证。在互联网上,顾客希望得到更多个性化的服务,比如,顾客定制的信息接收方式和接收时间,顾客的兴趣爱好、购物习惯等都是网络数据库的重要内容,根据顾客个人需求提供针对性的服务是网络数据库营销的基本职能。可见网络数据库营销是改善顾客关系最有效的工具。

网络数据库由于其种种独特功能而在网络营销中占据重要地位,网络数据库营销通常不是孤立的,应当从网站规划阶段开始考虑,将其列为网络营销的重要内容。另外,数据库营销与个性化营销、一对一营销有着密切的关系,顾客数据库资料是顾客服务和顾客关系管理的重要基础。

第四节　网络市场营销与传统市场营销

网络市场营销作为一种新型的营销方式,有着传统市场营销所不具备的优点和特色,并对传统营销产生了一定的影响,使得传统营销在顾客关系、产品概念等方面发生了改变。

一、市场营销要素的改变

市场营销学理论认为,营销市场是指某种商品的现实购买者和潜在购买者需求的总和,对一切既定的商品来说,营销市场是由消费主体、购买欲望和购买能力三方面因素构成,营销市场可以看作是三者的乘积。但是在网络信息化时代,网络营销的发展使得营销市场的这三个因素发生了变化,具体表现在以下几个方面。

(一)消费主体的变化

在网络信息化时代,网络市场中的主要购买者的显著特点是年轻化、知识型、个性化、有主见和较高的教育水平,网络消费群体大多是青少年群体,他们喜欢追求新鲜事物,兴趣爱好非常广泛,有时情绪不稳定。企业一定要了解网络消费者的这些特点,并且针对这些特点来采取相应的营销方法和手段,采取正确合理的营销策略,实现网络营销的最优效果。

(二)消费者购买欲望的变化

消费者想要购买商品和服务的需求、动机和愿望,这些都是消费者购买商品和服务的欲望,购买欲望正是消费者将潜在的购买力转化为现实购买力的重要条件。

消费者的购买动机可以分为求实动机、感情动机、理智动机和信任动机等。消费者的购买动机具有时代性,它受到当前时代背景的影响,受到政治、经济、科技、文化和宗教等因素的影响和制约。越来越多的消费者要倾向于网上购物,方便性和优越性显而易见。企业一定要正确把握消费者的购买欲望,吸引顾客群。

(三)消费者购买力的变化

恩格尔定律说明,随着人均收入水平的提高,在满足了基本的生活需要的基础上，消费需求会逐渐向满足发展、智力和娱乐等方面转变。改革开放的成功使我国人均收入大幅度提高，城乡差别、地区经济发展不平衡等各种原因造就了一大批年轻有为、文化程度较高的高收入者，现代企业必须注意这批拥有可以自由支配收入的具有高购买力的网络消费者。

二、网络营销的发展对传统营销的作用

(一)网络营销使传统营销策略更为丰富

在传统营销模式下，市场营销需要大量的人力、物力和广告费用的投入。而在网络化时代，可以以最少的成本来博取最大的利益，这也是企业营销活动最根本的目的所在。网络营销对传统营销策略的影响表现在以下几个方面：

1. 个性化生产

通过开展互联网营销，企业发布产品信息之后能够在最短的时间内获得市场信息的反馈，这对企业调整自己的经营思路和营销策略具有重要的参考价值。通过互联网反馈，企业还可以对关注产品信息的市场群体进行科学的分析，使营销策略更具针对性，从而更加容易获取消费者的好感。

2. 灵活的品牌管理

品牌管理是网络营销中的一个难点，与传统营销一样单一品牌或者多品牌的管理都存在一定的缺陷，在互联网营销时代，信息的交流空前频繁，企业如何保证自己的产品能够在品牌林立的互联网中独树一帜，并且保证自己的品牌权益不被侵犯既是一个重点也是一个难点。在品牌策略的实际执行过程中，企业根据产品和市场的不同情况有针对性地制定营销策略，抓住消费者的需求和产品期望，并为他们提供高质量产品和完善的服务，提高顾客的消费体验。顾客对产品品牌的认可，才是企业树立品牌形象的关键，并且一个品牌受益的消费者会在无形中成为企业品牌形

象的推广者。

3. 差异化定价策略

在市场中,如果同一种商品有不同的价格,那么顾客如果购买了价格较高的产品,会产生一种强烈的被欺骗感,并且这种情绪会让顾客对原本十分认可的商品产生抵触情绪,与传统市场相比,网络市场的价格更加透明,并且网络市场上的产品会分为若干档次,每个档次的产品价格都趋于一致。这样消费者在选择商品时不会因为价格而感到棘手,只需要选择自己需要的产品档次以及符合自己需求的服务即可,在购买后也不会产生不满情绪,提升消费者的购物体验。

4. 多样化的影响

从互联网的作用和机制上来看,生产商可以利用互联网与用户进行最直接的联系,这会造成中间商地位的下降,并对他们的利益空间造成影响。

一般来说,互联网营销与交易的兴起对中间商的冲击会造成两种后果。

(1)如果生产商是跨国公司,那么跨国公司开展国际分销网,会对本行业的中小型企业以及新进入者的利益造成比较明显的影响。

(2)如果该供应商已开展网络销售业务,那么中间商将更多地承担企业商品的售后服务业务,成为该企业在某个区域的代表。但是随着代理商利空空间的减小,将会有越来越多的中间商退出企业的销售网络,将来很可能发展成为一定服务范围内只存在一个中间商,其主要业务是承担生产商的售后服务以及宣传推广工作,成为企业的区域门户,当然其所覆盖的服务区域要比之前大上很多。

5. 极具操作空间的广告宣传

在网络营销模式下,企业通过互联网发布网络广告进行网上销售,网络广告将消除传统广告的障碍。其一,与传统媒体相比,网络空间具有无限性,网络广告可以不受时空的限制;其二,依托于互联网,网络广告效率大为提高,比如企业可以根据用户群体的特点迅速对自己的营销策略以及广告内容进行调整;还可以根据消费者的消费需求,适当向消费者传递其感兴趣的商品信息和内容,激发其潜在购买欲望。

(二)网络营销使传统营销的方式更加多样

网络空间采用"人-机"互动的模式。在互联网上,用户可以突破空间限制,在任何时间共同分享网络信息,企业可以具体服务到个人,可以向消费者提供个性化的产品以及服务,最大限度的满足消费者需求,提升他们的消费体验。可以说这种营销模式的改变是具有划时代意义的,其最终结果可能是大众市场消亡,以定制式生产、销售和服务为主的用户个性化市场开始兴起,并最终成为一种消费的常态,取代大众市场。

我们可从以下几方面来说明网络营销方式的新变化。

1. 新的顾客关系

在网络竞争中,企业之间的竞争实质上是以用户为中心的营销策略的竞争。在网络竞争中企业要分析顾客需求、创造顾客需求、争取新的顾客、留住老顾客、扩大顾客群、建立亲密的顾客关系等。网络营销要想获得成功,就要稳固保持与散布于全世界各地的顾客的亲密关系,及时、准确掌握顾客的特征与需求,使顾客认同企业文化,逐渐建立起顾客对企业产品和品牌的信任,这些都是企业竞争的重要因素,任何一个因素被忽略都有可能会对企业的竞争力造成重大的影响。在网络营销中,企业的市场定位、顾客群体、产品的种类以及一切传统的营销策划要素都会发生比较明显的变化,企业不仅要适应跨时空交流,还要不断创新增强产品的吸引力。

2. 联盟式战略营销

互联网是一个开放、自由、平等的平台,它能为人们的交流和交往提供一个完美的平台,这点对于网络营销具有重要的意义。

在网络经济时代,企业营销策略和营销方式上的竞争几乎是透明的,因为竞争对手对彼此的了解甚至超过对自己的了解,并且每个消费者都能够通过一定渠道对销售商的营销策略进行了解,所以网络时代企业的市场竞争是透明的,人人都能掌握竞争对手的产品信息与营销行为。因此,竞争胜负的关键是谁能够及时、准确获得相关信息,进而采取优势竞争战略,在市场竞争中小企业由于调度更为灵活,往往能够更为迅速的对市场变化做出反应,这使得小企业对市场的适应能力比大企业更强,这也是小企业与大企业竞争的优势所在。互联网给予了中小企业与大企业进行公平竞争的平台,在这个平台中双方的可以充分发挥自己的优势。在互联网的环境下,单靠一个企业应对来自市场各方面的变化是不可能,因此企业间要通过合作达成合作、竞争的关系,利用网络的特点将各个企业联合起来,并通过合理的内部竞争增强企业的发展的活力,这是网络经济时代一种重要的合作方式。

3. 便捷的跨国经营

在网络营销中,企业将目光瞄准国际市场是非常具有前瞻性的一种发展选择。在传统的企业发展模式中,企业只需要做好自己的本职工作,处理好区域市场便可获得稳定的发展空间。但是在网络经济时代,经济和市场的开放性都前所未有的活跃起来,外来因素的冲击使得市场竞争变得更加激烈,只能被动进行调整,影响企业的经营状态。可以说网络经济发展如此迅速的今天,企业采取网络跨国经营的时代到来了,这是未来经济发展的基本趋势,也是时代潮流的发展方向。在网络经济时代,企业不仅要将自己国内的市场的优势充分发挥出来,也要充分了解国外市场,时刻做好开展国际贸易的准备。另外,对外国市场的熟悉和了解不仅能够帮助企业更好的开辟国际市场,还能够帮助企业了解最新的行业国际动态,对于企业调整国内经营思路,提高企业对外来因素的冲击的抵抗能力有很大帮助。

4. 优化经营结构

企业内部网的发展得益于互联网。无论是企业的内外部沟通，还是企业的日常经营管理，都要依赖于网络。企业内部网的发展使得企业直接参与营销、宣传的工作人员数量较少，企业的组织层次得到精简，销售链条更为简洁、高效，这些变化可以有效地帮助企业缩减自己的经营成本。企业经营结构的优化是建立现代企业必须要完成的一项改革工作，在网络经济时代传统的企业组织机构和职能设置已经不能满足经济发展的需求，只有通过不断调整和变化才能适应经济发展的节奏。另外，企业内部网络系统的兴起，改变了企业员工的工作方式，为了帮助他们适应新的工作，企业要通过多种途径对企业员工进行培训，提高他们的业务素质和个人能力，为企业的发展提供更大的支持。

三、网络营销与传统营销有机整合

在原则上，网络营销与传统营销并没有严格的界限，二者互为基础，网络营销理论也不可能脱离传统营销理论基础，营销理论本身也无所谓新旧之分。虽然网络企业和传统企业同样需要网络营销，但由于经营环境的差异，网络营销的方法也有一定差别。

相比较而言，传统企业的网络营销方式更为简单一些，一些电子商务公司特有的营销手段在传统企业中可能并不适用。传统企业网络化需要一个过程，在初期网站形象与企业形象之间可能并不完全一致，因为在企业网站建立前，企业的供应商、合作伙伴、顾客等对企业已经有了一定的认识，企业的品牌形象在建立企业网站前就已经确立了。企业网站代表着网络公司的整体形象，在很多用户看来，网站就是一个网络公司的核心内容。因此，对于网络企业来说，网站的品牌形象对于企业经营远比传统企业的网站重要，网络营销也就显得更加重要。

网络营销与传统营销相比，具有很多显著的优势。但这并不意味着网络营销能够取代传统营销。简单说一下其原因：一是依托于网络的电子市场只是这个大市场的一部分，网络消费顾客群仅仅只是整个市场消费群体的一部分，其他群体如老人和贫困地区的群体等还不能或不愿意使用互联网;二是互联网作为一种有效的沟通方式,虽然可以使企业与用户相互之间方便地直接进行双向沟通,但有些消费者因个人偏好和习惯,仍愿意选择传统方式进行沟通;三是营销活动顾客群体是有思想、有灵性的人,传统营销采用人对人的营销模式,更具亲和力。事实上,网络营销和传统营销将相互影响、相互补充和相互促进,直到将来实现内在的融合。网络营销和传统营销在很长时间里将是一种相互促进和相互补充的关系。因此,一个有发展前途的企业应该明确自己的营销目标,能够根据实际情况来有机整合网络营销和传统营销。

第二章　企业网络市场调研方法与实施

当今企业面临着前所未有的激烈竞争,市场正由卖方向买方转变。网络强大的通讯能力和网络商贸系统便利的商品交易环境,改变了传统市场营销理论的基础。在网络环境下,消费者的心理和行为将发生深刻的变化。因而,了解客户的心理,对网络市场开展有效的调研对于企业经营而言是一个至关重要的环节。本章针对这个问题,对企业网络市场调研的方法和实施进行了着重的论述。

第一节　网络市场调研概述

了解网络市场调研的基本概念、特点、目的和对象等是掌握网络市场调研方法的基础,在这个前提下,才能有效实施网络市场调研。本节就此做一个整体的论述。

一、网络市场调研的概念

(一)市场调研的概念

市场调研是为解决企业特定的营销管理问题而进行的工作。它强调信息收集、加工和处理的系统性和客观性。所谓系统性,是指市场调研需要计划和组织。所谓客观性,是指市场调研在行使其职能时,要尽量避免受感情和偏见的影响。

市场调研是科学方法在营销活动中的应用。科学方法的标志是系统与客观地收集、分析和解释数据或资料。虽然市场调研活动与自然科学研究在研究对象和使用的方法上极为不同,但是它们却有一个共同的特征,那就是尽量做到系统而客观。

市场调研对企业来说是必不可少的,它能促使公司生产适销对路的产品,并及时调整营销策略。根据现代营销之父菲利普·科特勒的观点,"营销调研是系统地设计、收集、分析和提出数据以及公司所面临的特定营销状况有关的调查研究结果"[①]。

(二)网络市场调研的含义

"市场调研是以科学的方法系统地、有目的地收集、整理、分析和研究所有与市场有关的信息,特别是有关消费者的需求、购买动机和购买行为等方面的信息,从而有目的地把握市场发展状况,有针对地制定营销策略,取得良好的营销效果"[②]。

互联网作为新兴的信息传播媒体,它的高效、快速、开放是无与伦比的。伴随着这种新的传播方式,产生了一种新的调查方式——网络市场调研。网络市场调研就是利用互联网系统进行营销信息的搜集、整理、分析和研究的调查方式。

与传统市场调研方法相比,网络市场调研具有很多不同的特点,有优势也存在缺陷,其优势表现为不受时空限制、效率高、调查成本低和周期短等;其缺陷表现为调研所需技术要求高,数据的可靠性、稳定性以及样本数量和质量较难保证。

网络市场调研的主要内容包括企业产品消费者的需求信息调查、目标市场容量调查、产品供求形势调查、本企业产品市场占有率调查、消费者满意度调查、竞争对手情况调查、市场宏观环境信息调查等。

二、网络市场调研的特点

"网络市场调研作为一种新兴的调研方法与传统市场调研相

---

① 谭俊华.营销策划[M].北京:清华大学出版社,2014,第68页
② 乌跃良.网络营销[M].大连:东北财经大学出版社,2009,第73页

比,具有很强的优越性,它可以充分利用 Internet 的开放性、自由性、平等性、广泛性及直接性等特点"[①]开展调查工作。网络市场调研与传统市场调研的比较见表 2-1。

表 2-1 网络市场调研与传统市场调研的比较

调研类型 项目	网络市场调研	传统市场调研
调研费用	较低,主要是设计费用和数据处理费用。当样本数量很大时,分摊到每份问卷上的费用几乎为零	昂贵,需要支付的费用包括问卷设计、印刷、发放、回收、聘请和培训访问员、录入调查结果、由专业市场调研公司对问卷进行统计分析等多方面的费用
调查范围	不受地域的影响,调查范围可覆盖全国乃至全世界	受到成本、调查地区和样本数量的限制
运作速度	很快,只需搭建平台,数据库可自动生成,几天就可能得到有意义的结论	慢,至少需要 2~6 个月才能得出结论
调查的时效性	全天候进行,无须考虑被调查者的受访时间	对不同的被访问者进行访问的时间不同
被访问者的方便性	非常便利,被访问者可以自行决定时间进行回答	不方便,需要跨越空间障碍到达访问地点
调查结果的可信度	被调查者不受调查人员或其他外在因素干扰或误导,调研结果相对真实可靠	一般有督导对问卷进行审核,措施严格,可信度较高
实用性	适合长期的大样本调查;适合要迅速得出结论的情况	适合面对面的深度访谈

(一)及时性和共享性

由于网络的传输速度非常快,网络信息能够迅速传递给网上

---

① 乌跃良.网络营销[M].大连:东北财经大学出版社,2009,第 73 页

的任何用户,网上调研是开放的,任何网民都可以参加投票和查看结果,这保证了网络信息的及时性和共享性。另外,网上投票信息经过统计分析软件初步处理后,即可以看到阶段性结果,而传统的市场调研得出结论须经过很长的一段时间。如人口抽样调查统计分析需三个月,而 CNNIC 在对 Internet 进行调查时,从设计问卷到实施网上调查和发布统计结果总共只有一个月时间。

(二)便捷性和低费用

网络市场调研从理论上来讲是面向全球全天候开通的,不受气候和场合的影响,不需要派出调查人员,不需要印刷调查问卷,调查过程中最繁重、最关键的数据录入是由分散于全球各地的网上用户在自己的终端上实现,信息处理也由计算机自动完成,所有这些不仅十分便捷,而且大大降低了调研的人、财、物成本。另外,样本大小对成本几乎不产生影响。专门从事在线调查业务的美国 NPD 集团负责人托德·约翰逊(Tod Johnson)曾经这样评价:"在网上,10 和 10 000 没有很大的差别,网上市场调研的成本将比传统市场调研方式减少 10%~80%。"

网上市场调研在收集过程中受到的局限较小,不受天气和地域的影响,同时还节省了人力物力,不需要派出调查人员,也不需要印刷调查问卷,与传统的调研相比,具有便捷化的特点,将传统调查过程中信息收集和录入工作这两项烦琐的工作简单化,将其分布到众多网上用户的终端上完成;网上调查对于信息的处理均可自动完成,而不需要耗费大量的人力。

(三)交互性和充分性

在传统市场调研中经常使用人员面谈和邮寄问卷两种方法。利用互联网可实现这两者优点的融合。网络的最大优势是交互性。在进行网络调研时,被访问者因为不用和调查者做面对面的访谈,因而可以随心所欲畅谈自己的意见和建议,同时不会受到时间的限制。而传统的市场调研是不可能做到这些的,它会考虑到被调查人员的主观意愿和时间等因素,因而对访问调查员的要求非常高。由于不受时间限制,受访者有充裕的时间来详细理解问卷的内容,在充分准备后回答调查问卷,像邮寄问卷一样给人以足够的思考空间,网上市场调研的充分性得到了保证。

(四)调查结果的客观性

由于企业站点的访问者一般都对企业产品有一定的兴趣,所以这种基于顾客和潜在顾客的市场调研结果是客观和真实的,当然不排除对奖品感兴趣者,但不会对调研结果产生较大的影响。与此同时,被调查对象一般是在不受调查人员或其他外在因素干预或误导的虚拟环境中,经过独立思考主动回答调查问卷,所以调查结果比较客观和真实,能够较真实地反映被调查对象的消费心态和市场发展趋势。

(五)无时空限制

网上调查以 24 小时全天候方式进行,不受时间和地理范围的限制。任何一个企业都可通过互联网向全球各地的上网者发出调查问卷,开展调研活动,这在传统市场环境中是不可想象和难以实现的。

(六)可检验性和可控制性

利用 Internet 进行网上调研收集信息,是一个能够很好地发挥主观能动性的过程。因而也就可以根据所收集到的信息进行系统有效的检验和控制。对于网上调研而言,并不是笼统的概况,可以根据一些具体的情况做出详细的解释说明,更有利于调查的有效展开和控制。对于调查问卷的处理,主要是由计算机自动处理,这样更能保证调查的客观公正性。

(七)手段的先进性

网络调查除利用 Web 网页、E-mail、论坛等方式实施问卷、访谈等传统调研方式外,还可利用信息技术、现代通信技术等先进的技术手段实施调查。

(八)网络调研的效果受制于被调查对象

除以上优点之外,网络的虚拟性和自由化也给网上市场调研带来了一些不利的影响,其最大的表现就在于调查效果受制于被调查对象,它使得调查样本具有局限性和非均衡性。目前,网上调研并不适用于所有的企业或任何产品,问题就出在调查的样本(sample)上。按照营销理论,调查样本是从总体消费者中挑选出并能代表总体的一部分。理想的样本能够代表并解释总体的情况,从而帮助调查人员对人们的想法和行为做出准确的估计。设计样本需确定三个问题:

第一,确定调查谁?即选取谁作为样本单位。

第二,调查多少人?即确定样本的规模,大样本的结果比小样本的结果更为可靠,但并非意味着要对整个目标市场或大部分目标市场进行抽样。

第三,如何确定样本中的人选?即怎样进行抽样。

确定调查样本要解决的三个问题使开展网上市场调研面临两个难题。

第一,被调查群体的规模和样本总体难以控制。目前上网者多为年轻人士,这意味着网上调研的样本主要从这些人中产生,这将在一定程度上影响调查样本的准确性。因此,网上调研要看具体的调查项目和被调查者群体的定位。

第二,调查样本的代表性难以保证。来自网上的调查样本是否对希望调查的群体具有足够代表性?这是网上市场调研面临的一个主要问题。与传统方式不同,网上调查几乎完全是由网络用户"自由选择"的,任何一位上网者都可以填写调查问卷。因此,在无调查者在场、非面对面的环境下进行的网上调查,被调查对象没有任何的压力和责任,很容易导致其在回答问题上的随意性,甚至弄虚作假。另外,可能出现一个人重复多次填写问卷的情况,这将使问题复杂化。1997年,美国电脑爱好者杂志《Info World》首次利用互联网进行读者意向调查。由于太多的重复投票,使调研结果与预期大相径庭,致使调查无法进行下去,编辑部不得不向读者发出请求:不要再这样做了。正是由于调查者很难对来自网上的样本进行验证,因此,从网络用户"自我选择"的样本中得出的调查结论,往往难以达到预期的效果。

三、网络市场调研的目的和对象

(一)网络市场调研的目的

1. 识别企业站点的访问者

了解企业站点的访问者是企业需要首先解决的一个问题。访问者的性别、年龄、经济收入、文化层次、爱好等对企业的经营来说都是相当重要的信息资源,只有掌握了这些信息之后,才能展开有针对性的营销活动。

2. 客户/员工满意度调查

一家企业提供的产品或服务在客户心中的位置就是通过客户的满意度与忠诚度来衡量的,而客户正是企业的利润之源,对这一指标进行有效的调查和评估,对企业的日常操作行为与长期策略的制定有着重要意义。

3. 新产品的测试

对于新产品、新概念、新服务的投放,企业可通过网络调研获得以下市场信息:企业不断推出的新产品、新概念或者新的服务方式是否确实给客户提供了方便,满足了客户的需要?这些产品或者服务是否存在缺陷以及如何改进?顾客心中的理想产品是什么?在新产品的投放过程中,这种调查报告会使企业在第一时间里得到信息反馈,从而制定应变策略。

4. 价值评价

企业网站在客户甚至于所有网民的心目中有着怎样的形象,

是每一个注重效益的企业所必须关注的,而这一点是必须通过网上调查来完成的。网站价值也是网络广告主投放广告的依据之一。因此,对网站价值的评估十分重要。通过调查之后,再对网站进行优化,无疑对促进产品的销售、提高企业的形象有着现实的意义。

5. 竞争对手及行业状况

竞争对手的定价、促销策略对企业来说有着很强的借鉴性,正所谓知己知彼,百战不殆,知道了对手和行业的现状,对于企业更好地制定生产和营销策略有着举足轻重的作用。

(二)网络市场调研的对象

我国现阶段上网的人群还是以年轻人为主,45 岁以上的人也占有一定的比例,但相对来说不构成网络的主力军,在上网的人群当中,以文化层次较高的城市青年为主,如果要对这一人群进行调查,网上调研无疑是一种很好的方式,而要对其他对象进行调研,比如农民或者中老年,就不太合适。进一步将调研对象细分,可以分为以下三类。

1. 企业产品的消费者

"产品的消费者尤其是网络产品的消费者,可以通过网上购物的方式来访问企业的站点,通过网络跟踪消费者的行为、了解消费者对产品的意见、对服务的看法将对企业调整营销策略、塑造企业形象进而提高销售量产生积极的作用"[①]。

最重要的内部营销数据也许就是个体消费者的行为了。例如,下图显示的是一个假设的情节:一家计算机公司利用网络和电话收集客户数据,并使用这些信息来改进产品。如图 2-1 所示。即使是最小的数据库记录也至少得包括客户(或潜在客户)的姓名、地址、电话号码和购买行为。多年来,许多公司一直都使用着

---

① 陈志洁,刘新燕. 网络营销[M]. 北京:中国发展出版社,2013,第 125 页

这种技术。如今，随着新的存储和检索技术的出现，再加上获取大量电子信息的可能性提高，更加速了这种技术的发展。例如，在访问 Expedia 网络旅游公司的网站之前，访问者需要先进行注册。这家公司拥有一个庞大的数据库，该数据库录入了客户电子邮件地址、客户特征、网站浏览习惯、购买行为等。在此数据库中，每个客户文档中还可能包括与客服代表的通话记录、产品服务记录、与各种产品相关的具体问题，以及其他的一些信息（例如优惠券或其他促销凭证等）。一个完整的客户记录应该包括所有的客户接触点（即与公司接触的渠道）的数据，包括网络订单、电子邮件沟通以及在杂货店的产品购买和优惠券兑换等。实体店铺的购买行为数据是通过扫描产品上的通用产品代码（Universal Product Codes，UPC，即条形码）来收集的。企业使用这些数据来提高销售的有效性，改进产品组合，确定产品的合适价格，评估促销效果，发现销售机遇。在你购买商品时零售商有时会要求你留下邮政编码，这是因为零售商要将这些信息输入营销数据库，并用这些数据判断新开一家店铺是否有利可图。

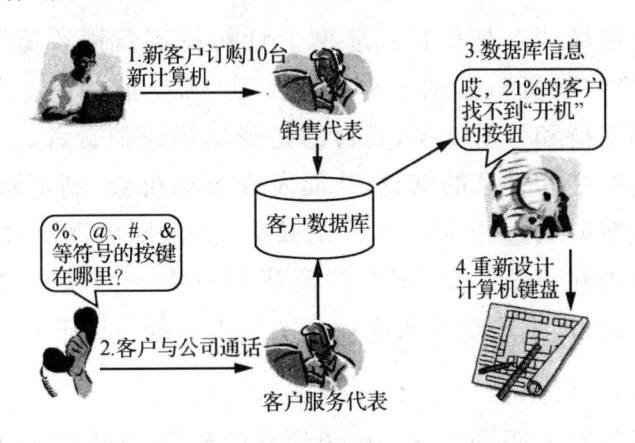

图 2-1　网络企业从消费者那里获取信息

2. 企业的竞争者

通过互联网进入竞争对手的网站，可以查询到竞争对手公开的所有信息，例如该企业的年度报告、公司管理层成员的个人简历、该企业所生产的产品信息、公司招聘职位等等。正所谓"知己知彼,百战不殆",通过仔细地对这些信息进行分析判断,可以做出相关的决策,对自己的营销策略进行调整,以适应市场的需求。

3. 企业的合作者和行业内的中立者

无论是企业的合作者还是行业内的中立者,它们往往会被人所遗漏。而实际上,将这两种企业重视起来,往往会给企业带来意想不到的惊喜,好多企业一跃而起,正是由于这些企业提供的一些极有价值的信息和评估分析报告,也就为企业的发展提供了一定的机遇。

在市场调研过程中,要做到既要重视整体又要重视局部的原则,兼顾三者的同时要有所侧重,这三类市场调研对象会为调研提供重要的信息,而网络调研为这些信息的获得提供了切实的便利。

四、网络市场调研的原则和内容

(一)网络市场调查的原则

网上市场调查是指在互联网上针对特定营销环境进行简单调查设计、收集资料和初步分析的活动,为企业的网上营销决策提供数据支持和分析依据,其目的是找出描述消费者、产品、营销手段和商家之间关系的信息,从而发现市场机会,制定营销计划,更好地理解购买过程和评估营销效果,就像因特网一样,网上市场调研还处在成长初期,但在线调研正成为一种迅速、方便和低成本的手段,网上市场调研应注意的基本原则有以下几方面。

1. 及时性

这既是网上调研优越于传统调研的地方,也是我们必须把握的基本原则。网络技术和网络信息传播的特点保证了这一原则的贯彻。这一原则要求企业灵活运用各种调研手段,方便被调研者迅速提供调研信息,同时也要求企业有强大的后台处理工具,如数据库,以便能快速进行数据处理和数据挖掘,避免调研结果的滞后和失效。

2. 客观公正性

网上调研通常要借助于中介机构来完成，这是比较经济而有效的。但是，它应和企业自己调研一样保证结果的客观公正。这要求调研者应该以充分的事实和数据为依据寻找答案，作出判断，而不是凭空想象，或者以偏概全，另外，由于消费者对这种新型的调研方式尚不适应，那么，对其提供的信息进行分析就更有必要了。

3. 精确性

在线市场调研一般采用互动的方式，允许与消费者进行个别的交流，这使调研机构可以更好地了解消费者、市场和竞争情况。例如，它可以及早发现产品和消费者转变的趋势，使商家找到产品和市场机会，并开发出消费者真正需要的产品和服务。

4. 个人隐私

保护个人隐私正被越来越多的消费者重视，也有一些人还没有意识到，但无论如何企业不应因忽视这一问题而引起不必要的麻烦。因此，企业应该将客户资料和调研信息作为企业的商业秘密严格管理，当用于其他商业活动时，应征得消费者的同意，以免因侵犯消费者的权利而引起消费者的不满，损害公司形象和长远利益。

5. 合适的样本

这主要是指样本的数量和质量，Groups Plus 公司的总裁汤姆·格林鲍姆引用了登在《纽约人》杂志上的一幅漫画——两条狗坐在电脑前。其中一条狗对另一条狗说"在因特网上，没有人知道你是一条狗。"格林·鲍姆说："如果你看不到和你交流的对象，你怎么知道他实际上是准？"另外，对于那些"自告奋勇"的在线用户，如偶尔点击问卷或闯入聊天室的人，从他们身上得出结论会有很大问题。那么，企业最好能从自己的数据库中挑选用户，并定期打电话确认他们的身份。另外，也可以公开征集被调研者，以确保样本的质量。

(二)网络市场调研的内容

1.对顾客的网络市场调研

经济的发展、科技的发展使得社会上涌现了好多新的科技观念,科技产品由此产生。传统观念中的"价值链"受到了很大的冲击。因而现代的营销模式也发生了较大的改变。越来越多的企业开始重视到消费者不可估量的作用。企业也认识到,只有真正践行"顾客是上帝"的经营理念,把消费者放在主导地位,才能获得更大的利益。特别是在电子商务提倡个性化服务的环境下,针对顾客所进行的市场调查已受到越来越多企业的重视,成为企业网上市场调查的重头戏。此类调查主要采用网上问卷、E-mail 和网上观察等方法。

网上问卷是目前网络市场调查中应用较为广泛的一种方式,这种方式将传统市场调查中的纸质问卷通过网络媒介以电子问卷的形式在站点上发布,由浏览站点的受调查者填写后进行在线提交。与传统问卷调查相比,网上问卷调查费用低廉、速度快捷。如企业要进行非确定性的顾客方面的普通性调查,这种方法可作为首选考虑。由于在样本代表性、质量控制技术等方面的原因,网上问卷还存在一些问题和局限,对此将在后面进行讨论。

对网上消费者的特点和行为进行分析和调研,对消费者市场进行充分的把握,对企业进行市场细分和网络市场调研具有重要作用。

2.对产品及竞争对手的网络市场调研

对于产品的市场调查一直以来都为企业所重视,产品的质量关系到用户的购买和满意度,并对企业的知名度和信誉产生直接的影响。传统的市场调查大多局限于对同类型产品信息的搜集,以及对顾客使用后的满意度的调查,随着现代营销观念的转变,顾客也可参与到企业的设计、生产过程中来,而不仅仅是被动地接受。因而,对于产品的网络市场调查应充分突出"顾客参与"这一宗旨。如在网上进行问卷调查,对新产品进行宣传和新产品概念测试,分析产品的优缺点与市场份额,还可以让用户参与产品在线设计,对产品的外观、性能等提出自己的要求。如有的汽车制造公司将汽车的最新款式通过网络展示,并调查用户对性能、颜色等方面的需求,从而决定生产、销售以及开发的策略。这与电子商务所提出的"个性化服务"和"量身定做"是相一致的。

3. 对市场客观环境的网络调研

企业在进行市场调查时除了搜集产品、竞争者和消费者这些紧密关联的信息外,还必须了解当地的政治、法律、人文、地理等环境信息,其中要特别注重对导向性政策信息的搜集研究和利用,这有利于企业从全局高度综合考虑市场变化,寻求市场商机。

对此类信息的调查可以通过搜索引擎搜索政府及商贸组织等机构的站点,然后进行登录查询,既方便又快捷,这是传统调查方式所无法比拟的。

第二节 网络市场调研的策划与实施

对网络市场调研有了一定的掌握之后,接下来就要进行具体的策划和实施。通过借助网络工具,能够为企业提供更多有利的信息,因而可以更加有针对性地对消费者的现实和潜在需求作出规划,从而有针对性地制定营销策略,发挥本企业的优势,从而取得良好的营销效益。

一、网络市场调研的方法

互联网是一手数据收集的沃土,原因之一是消费者对传统市场调研方式的合作热情正在逐渐减退。据统计,电话调查拒绝率在 40%～60% 之间。在 2000 年美国进行的人口普查中,约有 40% 的人未回复邮件。弗霄德·博韦(Fred Bove)在评价苏格拉底技术时说:"电话推销员毁坏了电话访谈行业"(Kasanoff and

Thomp-son,1999)。相反,随着在线消费者人数的日益增加,使用廉价且快速的网络调研方法将更有意义。根据 MarketResearchCareers.com 网站开展的一项调查显示,2007年美国所有公司的市场调研花费中有29%用于网络调研,如图2-2所示。另一项调查则估计全美77亿美元的市场调研花费中有17%用于网络调研(Johnson,2006)。具体的网络调研方法主要有以下几种。

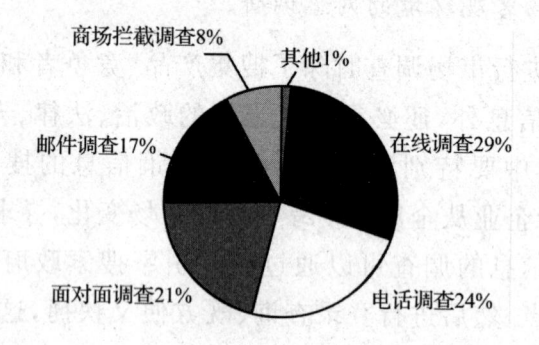

图 2-2 营销成本在市场调研方法中的比例

(一)数据驱动法

目前,在各类组织中都充斥着大量的数据。Business 2.0 公司的统计数据显示,在2006年这一年中,各大厂商在消费者网络行为追踪方面花费了将近15亿美元,这就意味着厂商们购买了大量的数据。对于绝大多数的消费者和厂商来说,信息过载是一个大问题。对于营销决策者来说,汇集和整理市场调研结果、产品销售信息以及关于竞争对手的二手数据等信息同样是一个特别棘手的问题。由于数据的来源多种多样(比如网站自动收集的数据、实体商店收银点的购买记录以及其他与消费者"接触点"的信息记录),因此问题变得更加难以解决。如何合理有效地处理这些数据,普瑞纳集团的做法是对大量消费者数据进行系统分类,以此来制定其网络广告战略的实施计划。

图2-3全面展示了这个过程,公司从无数的渠道中收集到数据,经过过滤输入数据库,并转化为营销信息,然后用来制定营销战略。本章将讨论互联网数据资源,讲述重要的数据库分析技

术,最重要的是研究所有这些工作的利弊得失。尽管大部分的数据分析技术都基于大量的营销实践,但是营销调研人员在运用这些新技术的过程中仍然遇到了不少障碍。

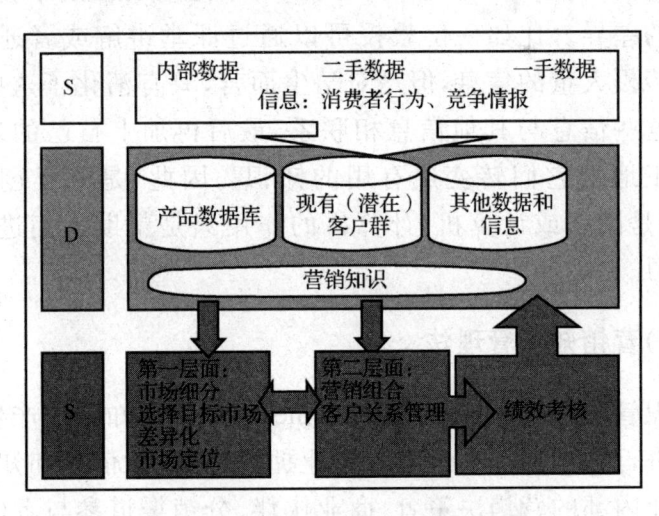

图 2-3　从数据来源到数据库再到战略(SDS 模型)

普瑞纳公司市场调研的图表很直观地展现了一个企业是如何分类处理数亿个数据片段的(这些数据包含了大约 2 150 万个消费者的相关信息),并收集其他的相关信息,再根据分类整理结果做出经营决策,如图 2-4 所示。企业必须将所搜集的数据运用于整个过程,否则这些数据只是一堆简单的事实和数字。

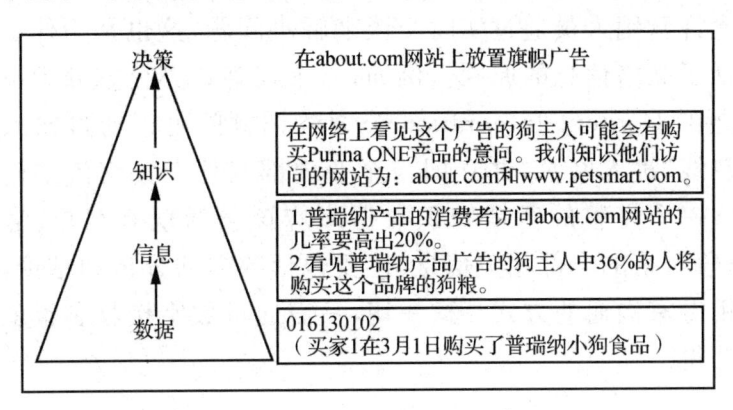

图 2-4　雀巢普瑞纳宠物食品公司:从数据到决策

营销信息一般是由原始数据在转变为知识的过程中产生的。知识并不是一系列信息的集合,它是植根于营销者大脑中(而不是计算机内)的东西。我们可以用教与学之间的区别来解释信息与知识的差异。比如一位教授可以通过课堂讲解或者通过书本向学生传授大量的信息,但是对学生而言,只有消化了这些信息,然后把这些信息与其他信息相联系,最后再加上自己的理解,才能够真正地把它们转变成有用的知识。因此,是人类创造了知识,而不是网络或计算机,计算机的作用只是帮助人们进行更有效的学习。

(二)营销知识管理法

知识管理(knowledge management)是指对知识的产生、运用和传播进行管理的一个过程。企业拥有的数据、信息和知识都必须与企业内部的营销决策者、商业伙伴、分销渠道参与者(有时还要与客户)共同分享。当其他的利益相关者能够接近和分享这些精选知识时,企业就变成了一个学习型组织,从而能够更加有效地实现其预期的投资回报率和其他的经营目标。比如戴尔电脑公司开博的案例就很有力地证明了这一点。

营销知识是企业营销人员、咨询顾问、商业伙伴甚至公司前员工的数字化"群体性意识"或"集体记忆"。有时,知识管理技术甚至允许营销人员通过实时交谈来解决问题,这也是为什么该系统包括了联络信息的原因。例如,一个在客户办公室处理电子商务问题的 Context Integration 公司咨询顾问可以通过输入"911帮助热线"进入网页,并立即与企业内部其他专家交流如何解决问题。一个完整的营销知识数据库应该包括现有客户、潜在客户、竞争对手的全部相关信息,还要包括数据的分析和结论,以及与营销专家沟通的方式。这一切,只需通过数字接收装置就能全天候获得。

(三)在线实验法

利用实验法开展调研的目的是测试因果关系(如普瑞纳公司

的例子)。研究人员首先挑选出调研对象并将其随机分成两组或多组,然后给予每组不同的刺激因素。随后,研究人员通常用问卷调查的形式测量调研对象对于刺激因素的反应,从而判断在这些组之间是否存在差别。如果能仔细掌控实验(也就是说在实验过程中只有刺激因素在发生变动),那么组与组之间的差别就能归因于这个刺激因素(这个过程就是所谓的因果关系)。当然,这些结果必须在不同的条件下对不同的调研对象进行测试,由此来判断这些结果能否被普遍应用。

营销人员在网上可以比较容易地测试备选网页、展示广告和促销活动。例如,企业可以将两份不同的定价方案以电子邮件的形式分发给客户群中各占一半的客户,如果在这两份不同的定价方案中还各自包含了一个超链接(分别可以链接到公司赞助方网站上的两个不同网页),营销人员就可以根据这两个网页的点击率来快速轻松地判断究竟哪种定价方案的拉动作用更大。

(四)在线专题小组调研法

专题小组调查是一种定性调查方法,它试图从少数参与者中收集比较深层次的信息。通常营销调研人员都会在使用调查研究法设计调查问卷以前通过专题小组法来预先了解一些重要的消费者产品体验和消费者行为,这将有助于更好地设计调查问卷。过去曾有不少广告代理商在线开展专题小组,但是如今这种定性研究方法仅占所有互联网调研支出的 1%。

当然,这种沟通方式与聚于一堂的传统专题小组访谈相比还是具有一些优势的。首先,互联网可以使居住在不同地理区域的人聚在一起(例如来自五个不同国家的消费者可以组成一个专题意见反馈小组讨论在线购物经历);其次,由于参与者在网上是在同一时间输入答案的,因此不会受到其他人观点的影响(这种现象称作集体思考)。最后,由于使用网络,研究人员能向参与者展示动漫广告、示范软件或运用其他多媒体刺激因素来促进组内的讨论。

在线专题小组每次只能包括 4～8 名参与者，而传统的专题意见反馈小组通常包括 10～12 个人，其原因在于一旦参与者人数过多，研究人员就很难控制和解决网络环境下的回复同步性及会话内容的重复性问题。一些研究人员为了避免这个问题，会选择采用在线公告栏并保持专题小组的讨论持续数周。再则，在线使用这种方法无法对非言语沟通进行观察，而通常离线进行专题小组调研时参与者的面部表情对研究人员的调研工作很有帮助，但这种表情是无法通过网络上的一个笑脸符号来判断和观察的。另外，在线专题小组还有一个缺点就是无法保证真实性。在没有目睹的情况下，你很难相信调查对象如实地反映了他们自己的真实情况。

（五）万维网调查法

许多公司会在自己的网站上发放调查问卷，回复人将答案输入自动回复系统，在该系统中有的是单选按钮（用户点击表示回复），有的是下拉菜单，还有的则是空白区域便于调查参与者回复开放式问题。曾经有一项网络调研就是通过这种方式来判断电子商务专业应包含哪些课程。有时候，这些调查问卷的目的是收集某网站访问者的意见（如网站注册率），而有时调研的内容则要更深入一些。例如，New Balance 公司邀请随机选取的公司网站访问者对网站内各功能的重要性和运作方式（例如客户服务、导航的便捷度性、产品选择和价格、网站安全、购物等）进行评估。通过这种调查，公司了解到客户愿意为递送付费，于是在定价时将这个因素考虑在内。

研究人员经常会在网站上设计一份调查问卷，然后以电子邮件或其他形式引导受调查人员登录该网站并参与完成这项调查。最高的回复率一般都来自该网站电子邮件列表的成员（实际客户或潜在客户），因为他们通常对调研的主题特别感兴趣。有时电子公告栏上的广告或者旗帜广告，以及其他网站对本网站的链接也都有助于提高网络问卷调查的回复率。例如，一家公司在雅虎网站放置了一个展示广告,实现的点击率是 1%,共计 826 位问卷回复者。总的来说,网络调查的回复率通常接近或者超过使用传统调查方式所产生的回复率,有时回复率还可高达 40%。

与传统调查方式相比,在线问卷调查法有许多优点,也有许多缺点,我们将在下一段中详细讨论。表 2-2 列出了一个详细的清单。

在线问卷调查目前存在着许多度量上的技术问题。首先,由于参与问卷调查者的网络浏览器的类型不同,计算机显示器的大小不同,屏幕分辨率设置也存在着很大的差异,因此研究人员担心颜色会出现偏差,度量比例不能够正确地在线显示。其次,最近一项关于电话和在线问卷调查的比较研究显示,在线问卷调查的参与者很少点击 5 点量表两端的极端选项,即很少点击 1 和 5 这两个选项。

表 2-2 在线调查问卷的优缺点

优　点	缺　点
(1)快速、经济	
(2)包括全球范围细分市场中不同的、特征各异的网络用户	(1)样本选择问题或普及性问题
(3)受调查者自己输入数据有助于减少研究人员录入数据时可能出现的差错	(2)测量有效性问题
	(3)自我选择偏差问题
	(4)难以核实回复人的真实身份
(4)对敏感问题能诚实回复	(5)轻率的、不诚实的回复
(5)任何人都能回答,被调查者可以决定是否参与	(6)重复提交问题
	(7)回复率降低问题
(6)可以设置密码保护	(8)把研究者的恳请习惯性地视为垃圾邮件
(7)易于制作电子数据表格	
(8)采访者的主观偏见较少	

许多研究者都非常关注日渐下降的在线调研回复率以及在线调研数据的质量问题,为了更有效地解决这些问题,MarketResearchCareers.com 公司 2007 年对许多调研领域的专家展开了一项调查,其中有 237 位专业人士参与了这项调查,并提供了以

下几种解决方法。

(1)减少调查问卷的问题数量和完成问卷的时间。

(2)增加调查问卷的吸引力。

(3)问卷的设计尽可能为那些对某一话题感兴趣的群体度身定制。

(4)尽可能地识别出不诚实的回复者。

(5)增加参与调查的报酬。

(6)与第三方合作以识别和淘汰网络意见反馈小组中的专业人士。

(7)建立一些忠诚度较高的意见反馈小组并给予这些调查参与人员较高的报酬。

(六)实地调研法

实地一手数据收集方法是指在离线购买点收集数据,然后通过技术辅助工具将这些数据输入营销数据库以便决策者日后使用。最重要的一些实地数据收集技术包括使用条形码扫描仪和实体零售商店的信用卡读卡机,当然还有其他方法,例如销售代表在与客户通话时将信息输入电脑等。

实地收集一手数据是在离线的购买点进行的。这种数据收集方式对网络营销十分重要,因为将这些数据与在线收集的数据相结合,就可以为零售企业描绘出消费者行为的全貌。实地收集消费者数据可以有多种方法,例如智能卡与信用卡的读卡机、互动式的收银机终端(iPOS)以及条形码扫描仪等。其中通用产品代码(UPC码)1974年就已开始广泛应用于各大超市连锁店,如今它仍然是一种重要的数据收集方式,每天对条形码的扫描常常高达数十亿次。如今,零售店扫描条形码收集产品销售数据,主要的目的是进行库存管理。当条形码数据从收银机转到计算机时,软件会自动核减库存数量,并与供应商保持联系随时补充存货,这种即时更新库存的方法对零售商、批发商及制造商都十分有效。

二、网络问卷的设计

(一)网络问卷的概念及重要性

网络问卷是指调查者根据调查目的与要求,设计出由一系列问题、备选答案及说明等组成的向被调查者搜集资料的一种工具。

对网络问卷进行科学设计具有非常重要的作用:一是网络问卷设计是控制网络调查质量的主要手段;二是网络问卷设计的质量与调查的其他环节紧密相关;三是网络问卷设计的内容是调查目的之所在;四是网络问卷设计阶段较容易对调查的质量进行控制。

(二)网络问卷设计的基本要求

一般说来,高质量网络问卷的首要条件是能够准确地把握市场调查主题,使提出的问题相互独立、相互联系、简单短小、内容完整,形成一个能够和其他资料接口的体系。

在设计网络问卷时需要遵循"四易"原则,即易于回答、易于记录、易于整理统计、易于辨别回答的真伪。

具体说来,网络问卷的设计要求包括以下四点。

(1)网络问卷主题突出、问题关联紧。相邻问题之间有逻辑关系,且问题应与主题紧密相关,否则网络上的被调查者会产生厌烦感,而且会因为问卷的质量不高而质疑企业的营销工作。

(2)网络问卷的内容应简明、易读易懂。在问题设计时应尽量采取先易后难的原则,各选项之间的区别要明显,以避免被调查者对问题或选项产生歧义。

(3)网络问卷用语准确规范,格式整齐。可读性强、设计简洁的问卷可有效调动被调查者的答题意愿。同时在问卷设计时还要注意被调查者的身份和思维习惯。

(4)网络问卷设计严密,注意质量控制性问题。在设计好问卷之后,可以先进行小范围的预调查,以测试问卷内容是否准确、完整,问题主干是否会引起网络被调查者的异议,各选项是否包含被调查者的主要答题点等,然后再在网站上进行发布。

三、网络市场调研的步骤

网络市场调研实质上同传统市场调研一样,应遵守一定的方法和步骤,以确保调研的质量。网络市场调研的具体实施步骤如图 2-5 所示。

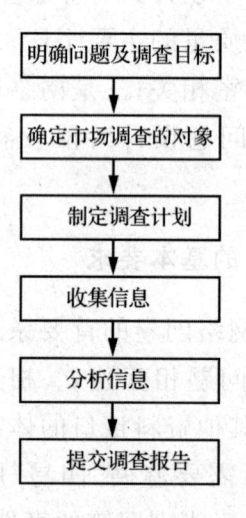

```
明确问题及调查目标
        ↓
确定市场调查的对象
        ↓
    制定调查计划
        ↓
      收集信息
        ↓
      分析信息
        ↓
    提交调查报告
```

图 2-5　网络市场调研的具体步骤

(一)明确调研问题

任何任务的开展都必须要有明确的目标,这样才能做到事半功倍,否则只能是事倍功半,前功尽弃。进行网络市场调研,首先就要对调查的问题和目标了如指掌。同时明确在网上查询产品或服务的群体,以及在这个行业中,同等的竞争对手有哪些,潜在的竞争对手又有哪些。除此之外,一定要对相关法律铭记在心,了解公司在日常运作中可能会受到哪些法律法规的约束,如何规避法律约束带来的风险。只有对相关事宜做一个全面客观的整体调研,才能做到胸有成竹,有的放矢,提高工作效率。表 2-3 中列出了网络营销者经常面临的调研问题。

表 2-3　网络营销者经常遇到的调研问题

各营销环节	调研问题
在线零售商	改进在线销售规划
	预测产品需求
	测试新产品
	测试不同的价格点
	测试合作品牌和合作伙伴的作用
	评估合作项目的效力
网站	判断经常受到访问的网页
	增加用户在网站上逗留的时间
	增加博客上的发帖量
	追踪用户浏览网站的路径
	判断网站访问者的整体满意度
实际客户和潜在客户	识别新的细分市场
	测试网站注册用户的忠诚度
	描述实际客户的特征
	测试网站定制化技术
营销沟通	测试广告内容的有效性
	测试新的促销方案
	白皮书的下载数量
	测量展示广告的点击率

(二)确定市场调研对象

"网络市场调查的对象主要分为企业产品的消费者、企业的竞争者、企业的合作者和行业内的中立者三大类"[①]。

---

① 周雪梅.营销策划实例[M].北京:中国人民大学出版社,2009,第278页

(1)企业产品的消费者。他们可以通过网上购物的方式来访问公司站点,厂商可以通过 Internet 来跟踪消费者,了解消费者对产品的意见和建议。

(2)企业的竞争者。美国哈佛大学著名战略学家、研究企业竞争战略理论的专家迈克尔·波特提出了行业竞争的结构模型:"在任何产业里,无论是国内还是国外,无论是生产一种产品还是提供一种服务,竞争规则都寓于以下五部分力量之中,即竞争者的加入、替代产品的威胁、现有企业之间的竞争、购买方的讨价还价能力以及供应方的讨价还价能力。[①]"下图为行业竞争的五种力量示意图。如图 2-6 所示。

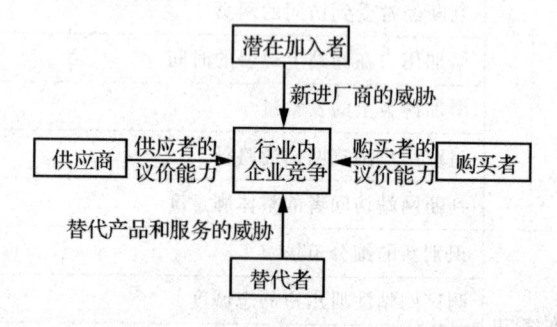

图 2-6　行业竞争的五种力量

(3)企业的合作者和行业内的中立者。这些公司可能会提供一些非常有价值的信息和评估分析报告。

(三)制定调研计划

1.调研方法

根据所需收集的信息特征,研究人员选择合适的调研方法(例如实验法、专题小组法、观察法、问卷调查法等),或者可选择非传统的网络监控法、实时实地调研法等。

---

① [美]迈克尔·波特著;李明轩,邱美茹译.竞争战略[M].北京:华夏出版社,1997,第 15 页

2. 样本设计

在这一环节,研究人员要确定样本来源,预计受调研者的数量。

3. 联系方式

与调查对象联系的方式包括传统的方式(例如电话、邮件、面对面交流等)和非传统的方式(例如利用网络和其他新技术)。

4. 工具设计

如果研究人员准备使用的是调研法,就需要设计一个调查问卷作为研究工具;如果使用的是其他研究方法,就需要拟定一个标准来指导整个调研过程。

(四)收集信息

研究人员根据调研计划来收集信息。由于来自互联网的信息数量十分巨大,因此如何选择对企业经营有用的信息,是调查者必须面对的主要问题。营销人员在收集来自互联网的商务信息时,一般情况下应注意这样一些因素:所选择的信息的来源;信息是否符合调研的具体要求;信息发布的内容更新速度是否及时;信息传递是否可直达个人电脑;在网络上分享或输出信息时有无限制。对确定的适用信息,应建立专门的信息管理系统,完成处理、分类、传输、收集、储存、跟踪、统计、计算等一系列工作,为企业管理者客观决策提供依据。

(五)分析信息

研究人员根据最初确定的问题来分析结果。这个环节包括使用统计软件来分析传统的调查数据,或者通过使用数据挖掘技术和其他相关技术来探寻数据库中潜在的消费者行为模式并衡量变量间的假设关系。

如何从互不关联、片面零散的信息中,找到影响企业经营的至关重要的因素,是调查人员面临的重大问题,这时数理统计技术等一些信息处理方法的应用便显得十分重要。信息分析能力往往决定一个企业的成败兴亡,在网络商务信息的统计时可以采用 SPSS 等软件。

(六)提交调查报告

调研最终获得的数据信息需输入营销知识数据库,并以书面或口头的形式传达给营销决策者。市场调研成果的表达形式一般采用调研报告的形式。调研报告应在对信息资料的整理、分析基础上,对调研对象做出结论性的评判,对实现调研目标提出建设性建议,以为决策者提供决策的依据。调研报告分为开头部分、正文部分以及结尾部分。调研报告的形式有两种:一种是专门性报告,是专供市场研究及市场营销人员使用的内容详尽的报告;另一种为一般性报告,是供职能部门管理人员和企业领导阅读、内容简明扼要、重点突出的报告。网络调研报告应富有网络调查的特色。

第三节 网络商务信息管理

企业需要通过网络获取的数据来指导决策,制定或者改变营销组合。这些数据可以从各种渠道获得并被录入数据库,然后营销人员将其变为营销知识,并用来制定营销战略。知识管理就是对知识的创造、使用及传播进行管理的过程。营销信息系统是营销人员管理知识的过程。营销人员运用这个系统来评估信息需求,收集并分析信息,然后将其递送给营销决策者。

一、营销数据库和数据仓库

无论数据是在线还是离线收集的,它们最终都会被输入各种营销数据库中。产品数据库含有库存情况的信息,如产品特征、价格、库存水平;客户数据库含有客户特征和行为的信息。按照交易情况实时刷新数据库十分重要,它能将数据从一个数据库移入数据仓库,如图2-7所示。数据仓库是整个组织历史数据(不仅是营销数据)的储藏室,它是专门为制定决策提供必要的分析和数据支持而设计的。换句话说,营销人员利用产品或客户数据库中的数据来解决营销问题远不如利用数据仓库中的信息更有效。有时,数据仓库中的数据被分开放在许多主题明确的区域(叫作数据中心),这样便于检索。这些概念对于营销人员来说十分重要,因为他们要依赖数据仓库中的信息制定营销规划。

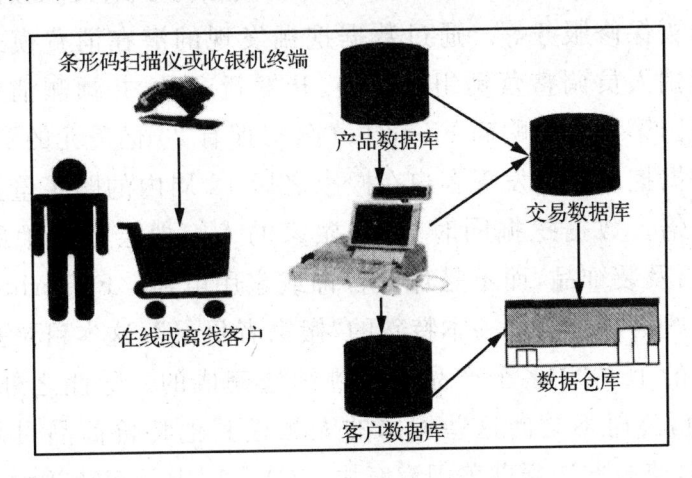

图 2-7　实体数据的收集与储存

由于如今的网站非常复杂,通常有好几万网页,来自企业不同的部门,也为众多的部门服务,因此,网站内容管理成为一个新的热门领域。许多软件开发商(比如微软公司)正试图通过其软件解决网站维护问题。这些项目有许多特征,例如,新闻发布数据库会将最新的文章自动放置在指定的网页上,将陈旧的文章归档,然后按规定的日期删除。

二、数据分析和提交

从各个客户接触点收集到的数据都会被储存在数据仓库知识管理系统中,可以随时用于分析并递交给营销决策者。用于营销决策的数据分析方式主要有四种,即数据挖掘、客户建档、RFM

分析(最近一次购买时间、购买频率、消费金额)、生成报告。

(一)数据挖掘

数据挖掘(data mining)是指通过统计分析从大型数据库中提取潜在的预测信息(请阅读下面的"相关技术"专栏)。营销人员在研究数据库时只需探寻数据中潜在的消费模式就行了。例如,营销人员可以通过这种方式来判断某个产品的大客户是否会在某些特定的月份增加购买量,也可以判断是否绝大多数的客户都会购买保修服务等。通过数据挖掘发现的潜在消费模式可以帮助营销人员调整营销组合战略、开发新产品,并预测消费者行为。美国第二大邮购商 Fingerhut 公司拥有 20 亿美元的资产,它使用数据挖掘技术发现客户在搬家之后 12 周内的购买量是搬家前的 3 倍。数据挖掘同时显示,搬家的人一般会较多地购买家具、电话及装饰品,而不是珠宝首饰或家用电器。Fingerhut 公司利用这些信息推出了一本特殊的"搬家者目录",这本目录是从公司销售的 15 000 多个产品中精挑细选完成的。除此之外,在此 12 周内,公司不会向这些搬家的人派送其他特价商品目录。此外,数据挖掘方法帮助美国汽车协会(AAA)中部亚特兰大分区简化了营销沟通的过程,减少了 96% 的促销邮件,即从原来的每年 120 万封邮件减少到 4 万封,这样,公司在保持会员注册人数不变的前提下将成本削减了 92%。

(二)客户建档

客户建档(customer profiling)指利用数据仓库信息帮助厂商了解目标群体的特征和行为。通过这一过程,厂商能真正了解到是谁在购买哪种产品,以及他们对促销活动和价格变动有哪些反应等。客户建档还包括以下几种用途。

(1)为促销活动挑选目标群体。

(2)寻找并维系终身价值较高的客户。

(3)了解大客户的重要特征。

(4)向客户推荐可以交叉销售的产品。

(5)明确回应率较高的目标市场,以便降低直复营销的成本。

(三)RFM 分析

RFM 分析(RFM analysis,即 recency,frequency,monetary)是在数据库中寻找三种信息:第一,客户最近一次购物是在什么时间(最近一次购买时间)?第二,客户多长时间来购买一次产品(购买频率)?第三,客户在产品购买上花费了多少钱(消费金额)?通过这种方式,厂商可以对那些响应比较多的客户调整促销方式,从而降低促销成本,增加销售额。例如,一家在线零售商注意到对最理想的客户群的销售量占到总销售量的 32%,平均订单价值(AOV)是 69 美元,或者说在雅虎上放置展示广告,千次广告曝光率的销售额是 22 美元,这样,零售商能对这种广告形式的价值进行评估,并且尽可能直接地与购物量最大的客户沟通。

营销人员可以随时利用数据仓库进行数据挖掘、客户建档及 RFM 分析,分析结果也可传送至参与决策的工作人员手中。研究报告生成器可经常通过数据仓库内的信息自动生成易读的且高质量的营销报告。这些报告可以被放置在内联网或外联网的营销知识数据库中,以供所有人浏览。营销人员可以对这些自动生成的报告中出现的某些具体信息,以及提交的时间间隔进行详细说明。这与前面提到的例子一样,一家在线零售商通过网络将每周销售报告递送给所有的经理。Back 网络技术公司(www.backweb.com),HotOffice 技术公司(www.hotoffice.com)和其他类似的企业都会提供一种可以自动地将公司宏观环境和微观环境中收集到的数据整合在一起的协同软件服务。例如,当某个制定营销计划的营销经理将计划存盘时,系统会自动将此文件放置在服务器上供其他经理进入查看。这种软件还会将公司的内部数据与公司网站、外部网站、新闻组和数据库紧密地整合在一起的,以供相关决策者随时查看。这种软件为公司提交数据库分析结果提供了很大的帮助。

三、知识管理考核指标

营销调研的成本往往比较高,因此,营销人员会仔细进行成本收益分析,比较获取额外商业信息的成本和潜在的商业机会的收益。他们还会仔细衡量和考虑根据不完整信息做出的错误决策带来的风险,以及以万兆字节计的数据信息的存储成本,这些数据来自网站日志、在线调查、网站注册以及其他各种实时、实地的调查渠道。有一个好消息是:自1998年以来数据存储成本平稳下降,由每兆节0.4美元降至不足0.05美元。下面是各大企业目前广泛使用的两种考核指标。

(一)投资回报率

投资回报率是衡量投资与收益之间比例的指标,用以判断某项投入的经济效果。进行网络调研的企业都希望了解为何要保存所有的调研数据,这些数据又是怎样被利用的。企业还希望了解,增加的收益或降低的成本究竟在多大程度上能补偿为构建数据存储空间而付出的成本。对于硬件存储空间来说,投资回报率往往是指节约总成本与安装总成本之比。值得注意的是,企业也常常会使用投资回报率来判断其他的知识管理系统是否物有所值。

(二)总体拥有成本

总体拥有成本(total cost of ownership,TCO)。该考核指标是信息技术管理者大量使用的,它不仅包含为数据存储所花费的硬件、软件和劳动力成本,而且包括其他项目,比如节约成本(降低网站服务器停工时间和对劳动力要求等)。

例如,Galileo国际公司是一家提供旅行预订服务的机构,拥有一个102万兆字节的数据库,这些数据包含了500多家航空公司的航班、票务信息,以及47 000多家旅馆和37家汽车租赁公司的行程安排、运费和预订信息。这家公司在2000年有3.45亿次的预订量,有时一秒钟就得处理一万份预订请求,Galileo 的投资回报率计算方式非常简单,据公司老板弗兰克·奥尔(Frank Auer)称,公司收入的 16 亿美元中,每一分钱都是数据存储系统的投资回报。

还有一个例子,美国最大的卡车运输公司——Schneider 公司掌握的数据如果用软盘存储,这些软盘可以装满 10 辆 53 英尺的集装箱卡车。尽管如此,公司仍然难以解释为什么将汽车运到得州的福特汽车销售商那里每 1 英镑重的货物要花费 0.2 美元,而运到其他地方却只要 0.17 美元。该公司使用约 200 万美元购买商业情报软件,这使得员工能够迅速地解决许多营销问题。这项投资在两年内实现了 250 万美元的回报(投资回报率达 25%)。

第三章 网络消费者购买行为分析

随着经济的发展,市场竞争变得越来越激烈,因而整个市场也由原来的以生产方为主导变成了以消费者为主导的市场,顾客是上帝,一切产品的产生都是以顾客的需求为准。这一变化使当代消费者的购买行为与以往相比呈现出一种新的趋势,因而研究网络消费者的购买行为,了解消费者的内心所想是企业势必要关注的热点。

第一节 网络消费者与消费市场

一、网络消费者的概述

(一)网络消费者的概念

无论是传统的市场营销,还是电子商务主导下的网络市场营销,消费者都是重要的一个部分。消费者的购买行为很大程度上决定了企业的生产经营。互联网的飞速发展,为人们提供了浩瀚的信息资源、方便快捷的通信方式及强大的多媒体功能,使越来越多的人都感受到了互联网对社会发展的巨大推动力量,网络营销逐渐成为一种新型的营销方式,也随之出现了越来越多的网络消费者。网络消费者大概可以分为三类:普通个人消费者、企业消费者和政府消费者。本节主要研究的是普通个人消费者。

网络消费者有狭义和广义两种理解:狭义的理解指在网上

购买网络产品的人;广义的理解指所有上网的人(网上购物者和网上冲浪者),即全体网民。虽然网上冲浪者更多的是浏览网页、玩游戏,并不是真正地去购买网络产品,但他们的存在能够刺激网络的运用,使更多的人了解网络营销,进而成为网络消费者。

(二)网络消费者的自然结构

1. 网络人群的年龄分布及分析

如图 3-1 所示,各个年龄阶段的网购用户人数不同,整体而言,网购群体更加低龄化、年轻化。网购群体主要集中在 10～39 岁的网民之间,但在这个年龄段的分阶段也有所不同。其中,20～29 岁的网购用户所占比例还在上升。10～20 岁的网民以及 40 岁以上网民群体网购使用相对较少。但是,与 2012 年相比,2013 年,30 岁以上的网民占比总体趋势均有所上升,整体从 2013 年年底的 41.9％攀升至 2012 年的 43.9％。

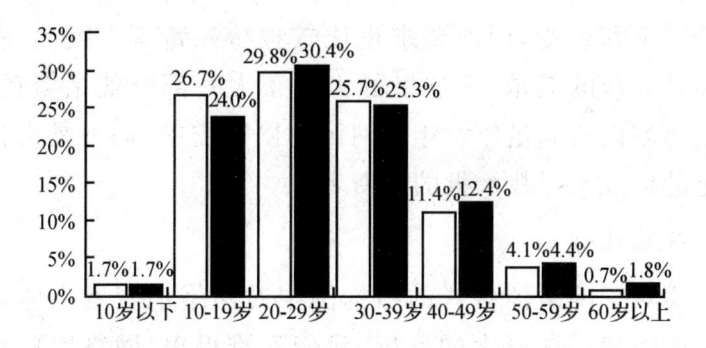

图 3-1　2012 年 12 月至 2013 年 12 月网民年龄结构
注:白色:2012;黑色:2013

2. 网络人群的性别结构及分析

如图 3-2 所示,从网购用户的性别结构看,女性网民所占比重有一定提升。2012 年,我国网民男女性别比例为 55.8∶44.2,男性群体占比高出女性 11.6 个百分点。

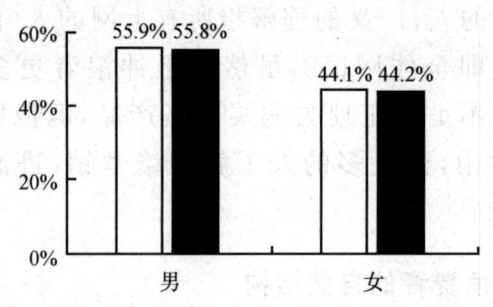

图 3-2　2012 年 12 月至 2013 年 12 月网民性别结构

注：白色：2012；黑色：2013

(三)网络消费者的心理特征

1. 注重自我

就目前的统计来看,网购用户主要还是以年轻人为主体。而这些年轻人群多以中高学历为主,由于年轻人更容易接受新的事物,对于新技术的学习和掌握比较迅速,因而他们往往有自己独立的思想和喜好,喜欢特立独行,甚至有一些自负。所以很注重自我的需求和感受,因而要求也比较独特和苛刻。因此,网络营销要面对大众的需求,而这里的大众很大一部分就是年轻人,也就是要想方设法满足广大年轻网民的网购需求,而不是盲目的用大众化的标准来寻找大批的消费者。

2. 头脑理性

上面对于网络消费者的结构图中对网络消费者主体做了一个清晰的表述。深层次的分析,我们不难得出,网络用户是以城市居民中的中高学历的年轻人为主,他们容易接受传统意义以外的新的产品和消费方式,对各种产品有着较强的分析判断能力,对新的事物有着自己独到的见解。正因为如此,从事网络营销的企业应该诚信经营,加强信息的组织和管理,使更多的消费者能够放心通过网络购买自己的产品。

3. 喜好新鲜事物

从调查结果中不难看出,网络用户主要集中在 10～39 岁的少年与青年群体中。这些网络用户爱好广泛,对新闻、对未知的领域报以永不疲倦的好奇心。这部分群体对新鲜事物的追捧和接受力不容忽视。

4. 好胜又缺乏耐心

网络用户无论对股票市场还是网上娱乐都具有浓厚的兴趣,因为这些用户以年轻人为主,而年轻人往往缺乏一定的耐心。当他们搜索信息时,往往注重速度和效率,如果网速不好要花很长的时间打开这个站点,那么他们往往会选择关闭网页。

网络用户的这些特点,对于企业加入网络营销的决策和实施过程都是十分重要的。在"顾客是上帝"的今天,只有清晰地了解消费者的需求,才能更加有针对性地生产产品,制定相应的方针对策,才能为企业吸收更大的利益。

二、网络消费者的特征

被誉为"沃顿的思想战车"的沃顿商学院约瑞姆·杰瑞·温德(Yoram Jerry Wind)教授在其专著《聚合营销:与"半人马"并驾齐驱——了解 21 世纪消费者的必读"圣经"》一书中,形象地将网络环境下的消费者比作古希腊神话中的"半人马",他说:"今天,我们进入了'半人马'时代。消费者的行为跨越了多个渠道。他们把人类从古至今的需求和行为与新兴的网络行为结合在一起,就像古希腊神话中的半人马,用新科技武装的四肢飞快地奔跑,而胸膛里跳动的却是同样古老而不可预测的人类的心脏。这种消费者的行为混合了传统的和数字化的、理性的和感性的、虚拟的和现实的因素。这种消费者并不是二者之一,而是它们综合的产物。"

与传统环境相比,网络环境中的消费者具有一些新的特征,这些特征在不同的市场或产品上会有不同的表现,但以下三个特征是具有共性的。

(一)年轻化

国内外大量的研究和统计数据都证明,年轻人是互联网用户的主体,因此,自然就成为网络环境下的主要消费者。消费者的年轻化,使他们在网上消费过程中具有对新消费观念、新事物的接受迅速,消费需求范围广泛、要求高、变化快,消费过程中的比较注重自我等行为特征。

(二)知识性

互联网应用的技术门槛决定了其用户的这一特征,尽管互联网的应用正随着信息技术的发展变得越来越容易了,然而要成为一个成熟的网络消费者,熟练使用电子商务的各种手段和工具是不可或缺的,再简单的网上消费行为也比一手交钱一手交货的传统交易方式要复杂一些。知识性的特征还表现在,多数网络消费者具有自己的消费价值观,在消费过程中能够保持理性,比较注重对商品品质或性价比的追求,而且他们中的许多人善于运用各种互联网工具来达到自己的消费目的。据一些汽车厂商统计,来4S店的顾客中,85%以上的人都已经非常了解欲购车辆的信息,有时他们甚至比4S店的销售者更了解这款车的一些细节特点或新功能,网络正是他们获得这些知识的主要途径。

(三)角色多元化

可以说,互联网的出现为整个人类的发展打开了一扇崭新的大门。对于消费者而言,互联网不仅仅是为消费者提供了一项购买商品的渠道,同时还赋予了消费者参与整个商务活动的权利。在整个活动过程中,消费者不仅仅只是作为"顾客"的角色参与其中,同时还对互联网的环境和功能进行评价,并将这些消息散布出去。他们不仅仅只是一个需求者,更多的是一个消费信息的传播者和企业经营行为的评论者。

三、网络消费者市场

(一)网络消费者市场概述

网络消费是消费者为满足个人需求而进行的一种新的消费方式。而网络消费的出现归结起来得益于生产力的发展。18世纪蒸汽机技术和19世纪电气技术的广泛应用,造就了工业社会的消费形态。20世纪90年代以来,信息技术的发展造就了一种新的消费形态——网络消费形态。

(二)网络消费者市场的功能

1. 树立企业先锋形象

从互联网出现以来,传统的企业就开始探索运用互联网为其自身发展创造更多的价值。在市场竞争中,网络市场竞争是最为重要的一个方面,好多企业的竞争归根到底是看其能否在激烈的网络市场竞争中立足。也就是说,现代企业的竞争力很重要的一个衡量标准就是看其能否利用网络的优势来满足消费者的需求,如何在纷繁复杂的网络市场竞争中找准自己的位置,满足消费者追求个性化产品及服务的欲望。敢于冒险,敢于创新,敢为先锋才是企业的立足之道。当然,这个先锋者并不是每个企业想当就当的,必须要在企业财力充足的情况下才可以进行,不能贸然图新,迷失自我。敢为人先,在很大程度上体现在企业的用人方面,看企业是否有眼光,用对了人,用准了人。如果企业有一支机敏热情的队伍,那么这无疑会增强公司在网络市场和现实市场这双重市场上的开拓力。

2. 选择最合适的顾客群

好多企业在营销过程中失败了,就是因为他们选错了市场,而市场主要构成是消费者,也就是说,选准消费人群对于企业而言十分重要。对于一个网络企业而言,更是如此。选择合适的顾客群体是企业实现网络营销战略的关键。举个相反的例子,如果将一款适合青少年的游戏投放给老年市场,那么这款游戏获得的利润恐怕就没有预期的那样高,甚至会一无所获。"例如在纽约有一家专营珠宝的在线零售商——jewelry web,其站点出售几乎所有种类的珠宝首饰,从黄金饰物、白金首饰到珠宝、银器。该公司的顾客主要分为两类:一类是自用顾客,大多为女性,年龄在35~55岁之间,她们通常会再次光顾该网站;另一类是礼品顾客,多为男性,年龄大约在30~45岁。jewelry web的总裁认为,该公司成功的秘诀首先在于选择了最合格的顾客群体;其次在于优良的客户服务,这种服务是一对一式的,在顾客收到货品之后,公司通常会发出电子邮件来询问顾客是否满意;其三在于保证产品的质量和随时保持有新的商品供顾客挑选[1]"。

3.与客户及时的在线交流

好多企业并不是只是将产品放到线上就不管不问,相反,他们会更加关注线上的反应,更加关注消费者的反映,从而改进自己的商品。有时,企业会通过一些社交软件来和顾客交流沟通,有时会制作一些表格来收集顾客的疑问和建议。通过这种方式,企业可以同所有的顾客共同分享有关产品的有效信息。线上的交流比较便捷快速,能够就产品的问题进行及时的交流沟通,以更加快捷的方式得到相关产品信息的反馈。同时,还能通过这些社交软件在客观上对产品的信息有一个较小范围的扩散,从而客观上为企业产品做了一个宣传。

第二节 网络消费者的购买行为及特点分析

只有知道了消费者的需求,才能更加有针对性地做出适合需要的产品。对于经营者而言,这一点尤为重要。网络营销更是如

---

[1] 黎友隆.网络营销[M].北京:经济科学出版社,2012,第72页

此。相对于传统的市场营销而言,网络营销主要针对的客观群体是网络用户,也就是说,只有网络用户的存在,才能在客观上为网络营销的展开提供条件。因而,了解这部分人群的消费心理和消费行为,对于网络营销的企业而言至关重要。只有具体明确地搞清网络消费者的喜好和需求,才能使企业采取相应的对策,适应发展。

一、网络消费者的购买行为

(一)购买行为的基本类型

虽然消费环境发生了变化,但从消费行为的表现形式看,网络消费者与传统环境下的消费者是相似的,因此,传统环境下对消费者购买行为进行分析所依据的理论也同样适用于网络消费者。

1. 习惯性的购买行为

消费者之所以对某种商品产生习惯性购买行为,除这种商品品牌差异小、购买行为简单外,更重要的原因是人们对该商品熟悉,这种熟悉是人们在使用商品过程中感到其质量的可靠、服务信誉有保障等,而无须经过搜集信息、评价商品等复杂过程。日常生活中,我们很容易养成这样或那样的习惯,对于一个产品而言,这种习惯也很适用。通常我们在用过一个产品后,如果觉得它符合自己的喜好,我们下次还会选择该产品,如果觉得它不符合自己的标准,则选择此后不再购买该产品。形成品牌忠诚意识的基本原因是产品对消费者有吸引力,这也是企业实施品牌策略的首要任务。因此,针对习惯性的购买行为,营销者大多会采用一定的措施去打动消费者,比如价格优惠、高频率的广告宣传,以及独特的包装等。

2. 复杂的购买行为

复杂的购买行为是指消费者在购买"特殊"的产品时所发生

的购买行为。这类"特殊"产品往往具有一定的特点,如价格较高,性价比有一定的差异,不属于经常使用的物品,而且具有一定的风险。这里所说的"风险"是指,由于以前很少购买或者从未购买过类似物品或服务,因而不能保证它是否会达到预期的效果,满足自己的需求,由于其价格昂贵,这种"风险"显得更大。如在购买高档商品或技术含量高的商品时,消费者一般要经历一个学习有关知识、了解商品相关信息的过程,然后才能作出选择。

网上消费行为是一个典型的信息处理过程。根据认知理论,品牌策略中的品牌设计和品牌传播的信息要能引起消费者的注意,从而诱发思考,强化记忆,影响态度,促成购买行为。这些应当成为网络营销中分析复杂的购买行为和采取相应策略的出发点和着眼点。当今网络发达的时代,营销者应更加注重网络的作用,大力发挥网络的影响,实现相关信息的有效传送,通过良好的服务,自然而然利用消费者做一个广泛的宣传。

3. 寻求多样化的购买行为

具有这种购买行为的消费者会频繁地变换所购商品品牌,但并非因为对商品不满意,而只是为了追新求异。根据边际效用理论,商品的边际效用会随着消费数量的增加而减少。这一规律同样适用于网络消费者,而且由于互联网及时、迅捷、广泛的信息传递效应,人们可以在第一时间接触到最新的市场信息,这也加速了消费者商品意识的不断发展和快速变化。因此,一方面企业在注重品牌保护的同时,要着眼于品牌的创新;另一方面,在营销上也要与时俱进,不断创新。

在浩如烟海的互联网信息中,网络消费者要寻找自己所需的信息,的确如大海捞针,虽然有各种搜索工具,但对许多消费者来说却不愿花时间和精力来选择与判断,于是出现了寻求多样化的购买行为。其特点是:品牌差异明显,但消费者却不愿细选。针对这种情况,营销者可依托互联网信息密度大、表达方式丰富的特性,以多种形式、多种手段、多条渠道提供各种信息,满足网络消费者寻求多样化的购买行为的需求。

4.减少风险的购买行为

有些高档、技术复杂、价格昂贵的商品,质量不宜鉴别,消费者购买有一定的风险,但各种因素又促使他们需要购买。于是他们期望在购买过程中尽量减少发生风险或减小风险的程度。

众所周知,在虚拟的网络市场环境中,消费者在线购买商品时面临的各种风险要大于传统环境。消费者对可能存在和发生的风险的心理预期、对风险的感知程度,以及心理承受力都会对他的购买行为产生影响。据 CNNIC 的研究报告显示,有 85.7% 的网民半年内在网上查询过商品信息,但是只有 26% 的网民实现了网络购物,这其中的主要原因之一是对网上购物的风险有所顾忌。因此,网络环境下的营销人员应积极主动地与消费者交流与沟通,除介绍产品等相关信息协助顾客选购商品外,还可以通过博客、Web 网站进行各种咨询和售后服务,以提高顾客的满意度与忠诚度。此外,营销者还应借助网络环境下的各种信息渠道和资源关注消费者的行为及动向,适时采取措施帮助消费者减少购买风险。

(二)网络为购买行为提供了技术环境

在美国和大多数发达国家,互联网已经从一种新奇的事物变成了一种实用的事物。获得互联网服务提供商的服务就像获取电话服务和邮政服务一样,71% 的美国消费者认为享受互联网服务是一件很平常的事情。对于网络经营者来说,要想吸引消费者参与交易活动,就有必要了解日新月异的互联网技术的发展现状。

当前,影响网络消费行为的重要因素主要有两个:家庭用户网络连接速度和数字接收设备(如移动电话)日新月异的发展前景,现分别进行讨论。

网络世界可以分为慢速接入互联网和快速接入互联网两个部分。如果你已经体验过这两种接入方式,你就会知道二者的差别。工作时,大多数人能通过公司网络快速连接到互联网上,人们将此称为宽带连接或快网连接,但是在家时,大多数人通过电话线和低速的调制解调器上网。不过,如今已经有越来越多的家庭用户准备通过光缆公司或电话公司的宽带接入互联网。许多用户也会由于连接速度的改变而改变上网习惯(例如在工作时间上网购物,因为打开网页的速度实在是很快)。

对于厂商来说,网速两极分化是一个极大的挑战。丰富的多媒体内容若是用宽带连接表现出来就流畅自然,但若用低速调制解调器连接,等待过程就变得难以忍受。对此,厂商应该如何应对呢?

面对不同的带宽受众,厂商可以有两种应对方案:

第一,为网速最慢的用户设计。最安全的策略就是为低速连接用户设计内容,这样就不会流失任何一群用户。一些网络巨头(例如 Amazon.com 公司和推虎公司等)使用的就是这种技术,它们的网页图片少,大多是易于下载的文字。

第二,为网速最快的用户设计。不去考虑连接网速慢的用户,而是为高速宽带用户设计高质量的网页,通常这种类型的客户也更能为企业带来丰厚的利润。有一些网络服务(例如流媒体音乐服务,像 rhapsody.com 网站等)只对高速连接用户服务。

大约50%的美国网络用户通过宽带(一种快速的网络连接方式)连接到互联网。值得一提的是,美国既没有最高的宽带普及率也没有最快的宽带速度,这也是欧洲峰会上经常探讨的一个话题。与那些使用窄带掌上移动设备或者个人电脑中 56K 调制解调器的消费者相比,使用宽带的消费者的网络行为是不一样的。宽带用户可以享受到更多的多媒体游戏、音乐和娱乐,因为下载速度快。与此相反,那些使用移动设备(例如个人数字助理 PDA)的消费者则主要是接收新闻、天气预报、股市信息和其他图像很少的数据服务。比如,Travelocity 旅游公司有一个大型的、用户友好型的网站,可以利用它做旅行安排,同时该公司还有一个专供移动用户使用的网站,用户只需通过 PDA 或手机就能查阅航班信息。

二、网络消费者的购买动机

网络消费者的购买动机是指在网络消费环境中,能使其产生购买行为的某种内在的驱动力。在网络这个虚拟的市场环境中,消费者复杂多变、多层次交织的消费行为不能直接观察到,只能通过文字、图片等各种信息的交流加以想象和体会,因此,对于网络营销来说,研究消费者的动机更为重要。

网络消费者的动机一般可分为需求动机和心理动机两大类。前者是指人们因各种需求而引起的购买动机;后者是指由人们的情感、意志、认识等心理过程而引起的购买动机。

(一) 网络消费者的基本需求动机

1943年,美国心理学家马斯洛(Abraham Maslow)在《人类动机的理论》一书中提出了人的需求结构理论——需求层次理论,把人的需求划分为五个层次:生理的需求、安全的需求、社交的需求、被尊重的需求和自我实现的需求,如图3-3所示。被广泛应用于传统环境下的消费者行为分析的需求层次理论,可以解释网络市场中消费者的许多购买行为,对网络消费需求层次分析有着重要的指导作用。

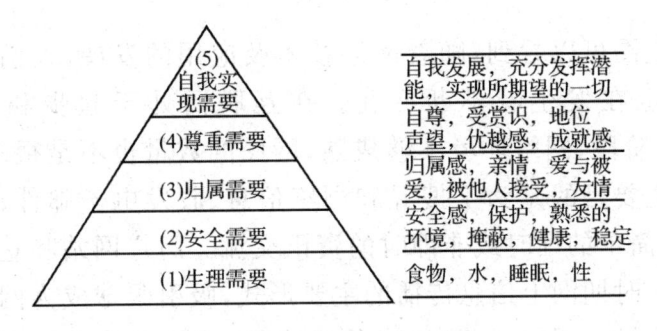

图3-3 马斯洛需求层次模型

网络是一个由亿万网民组成的虚拟社会,它与现实社会有着很大的差别,马斯洛的需求层次理论在这里被充实以新的内容。

在网络环境中,人们联系的基础来自人们三种基本的需要(兴趣、聚集和交流),并成为网络消费者的新需求。

不同的兴趣使人们每天忙碌着利用网络搜寻自己感兴趣的东西,共同的兴趣使人们聚集在一起,通过网络社区、博客、IM等传递各自的内容,交流与分享各种资源。人们在网上的所作所为,一部分人是为了证明自己的存在,更多的人是为了实现自我的价值。将马斯洛的需求层次理论应用到网络消费者的需求分析上,可以很直观地看到人们在网上的这些作为实际上是人们渴望被认知被接纳的社交需求、渴望得到尊重和自我实现的需求,如图3-4所示。

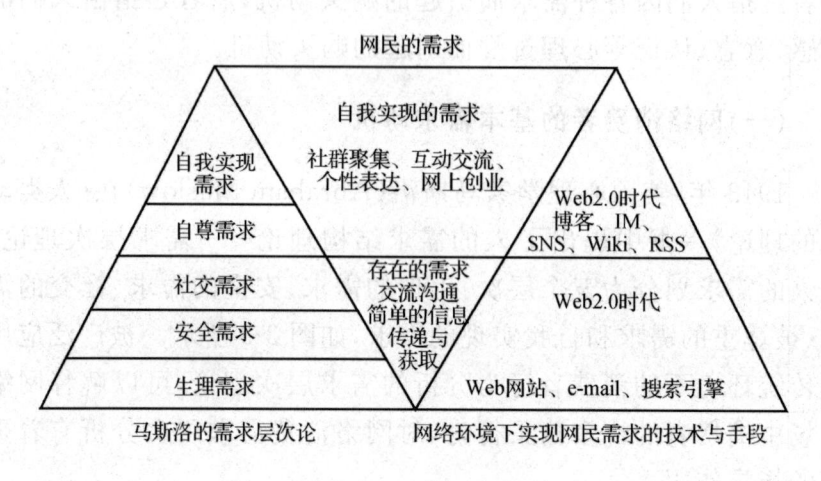

图 3-4 网民的需求

由上图可以看到,随着网络技术及应用的发展,人们在网上的需求也在发生着不断变化。在互联网处于起步和发展的Web1.0阶段,网络环境不够成熟,网民的数量也不是很多,人们上网的主要目的是为了搜寻和浏览信息、收发电子邮件、下载资料、进行简单的即时或非即时的资讯交流。门户网站和垂直网站成为这一时期网上信息传播的主要形式,吸引眼球成为网站的主要运作目标。同时,网络技术的不成熟,使信息传递的有效性与可靠性受到带宽、网速、网络安全等技术方面的制约,人们在网络上的需求基本上属于较低层次的生理需求和安全需求。

信息技术的不断发展使网络运行环境日趋成熟,网民数量持续增加,网络应用方式不断创新,这些都促成了人们对网络的需求产生不断变化,社交需求、被尊重的需求及自我实现的需求不仅日益凸显,而且不断通过Web2.0等新技术应用得到实现。

(二)网络消费者的"交换"动机

消费者的购买行为与许多因素相关,例如消费激励、消费特征和消费过程等。消费激励就是鼓励消费者购买此产品而不是彼产品。这种激励包括营销沟通信息,以及文化、政治、经济、技术等因素。消费者个体的特征包括收入水平和个性,消费者心理的、社会的、个人方面的因素也会起到影响作用。最后,消费环境和产品属性也会影响购买决策。关于消费者行为的营销知识非常复杂,虽然我们能够归纳出许多一般规律,但是消费者的个体差异也是非常重要的。

为了制定有效的营销战略,网络经营者需要了解人们购买商品或服务的短期和长期动机(也就是能够培养客户的品牌忠诚度)。交换(exchange)是一个基本的营销概念,它指的是一种行为,即从别人那里得到自己需要的东西,同时提供一定的商品或服务作为回报。当消费者购买一件产品时,就是用钱来交换所需要的产品或服务。当然,营销交换活动还有许多其他类型,例如政治家让民众用选票来交换他所提供的服务。

图3-5展示的是基本的网络交换过程。我们用图来帮助理解这个话题。个体消费者将自己的特性以及个人资源带入交换过程,同时在交换中得到自己想要的结果。这个过程是在技术、社会、文化、法律的大背景下发生的。整个的交换过程往往会受到营销刺激的影响。

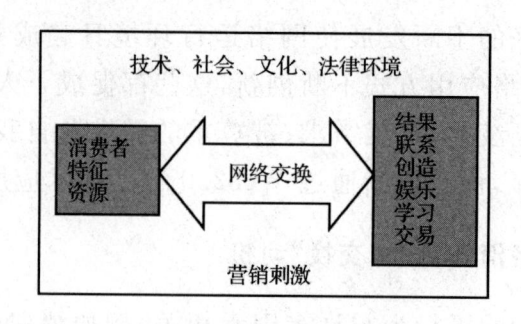

图 3-5　网络交换过程

(三)网络环境中消费者的心理动机

1. 理智动机

理智动机源自人们对网上销售商品的客观认识。理智购买动机具有客观性、周密性和控制性的特点,它首先关注商品的质量、性能等方面的信息,其次才注意商品的经济性。这种购买动机的形成主要受理性思维的控制,因此,外界环境对其的影响较少。如何利用互联网向这类消费者有效传递其所需要的理性诉求信息,是网络营销研究的重要课题。

2. 情感动机

情感动机是由人的情绪和情感所驱动的购买动机,常分为低级的和高级的两种形态。前者主要由个人的喜好、满意、愉悦、好奇等因素引起,具有冲动性、不稳定性的特点;后者由人们的道德感、审美感、群体感引起,具有稳定性和深刻性的特点。网上销售业务比较适宜具有这类购买动机的消费者。

3. 惠顾动机

惠顾动机是基于理智经验和情感之上的购买动机,具有前两种心理动机的特点,有惠顾动机的消费者是最理想的网络消费者。

总之,借助于网络可以在不同层次以不同方式满足网络消费者的不同心理动机。但要做到这一点,深入了解和认真研究网络消费者的各种心理动机及其表现特征是非常重要的营销工作。

三、B2B 电子商务中的消费者行为

B2B（企业对企业）商务比 B2C（企业对消费者）商务收入从 2010 年的 1850 亿美元增长到 2012 年的 12600 亿美元。到 2012 年，美国的 B2B 商务收入达到 7470 亿美元，占全世界 B2B 电子商务收入的 59％。欧洲仅次于美国，达到 3650 亿美元。亚洲 2012 年的 B2B 商务收入达到 766 亿美元，而在 2010 年，这个数字是 122 亿美元。我们相信购买职能在未来将发生两次战略转变，而这些转变则为 B2B 商务奠定了基础。

全球采购——因特网正是目前企业翘首以盼的全球采购模式的答案。因特网克服了地理位置的限制，是 B2B 商务的主要催化剂，它将供应商和购买者聚集到一个在定价（价格会不会因为地理位置的不同、消费者规模的不同而不同，我能不能拿到市场价格？）、产品获得性（在哪里能找到我需要的产品？）、供应商（还有没有同类产品的其他供应商？）和产品（市场上有没有这种产品的替代品或其他选择？）方面都很透明的共同平台上面。

关系导向——企业购买行为无论在操作上还是在战略上都是很复杂的，供应商和购买者都希望利用因特网上的"自助服务"模型使企业对企业的交易变得透明而高效，但简单的买卖交易并不是最终的目标。供应商希望了解购买者的需求函数，从而调整其生产日程、存货持有量，并降低订单处理成本。反过来，购买者也希望统一价格、寻找其他供应源、更好地控制其采购过程。这些偏好就使购买者和销售者都会去寻求以关系为导向的交易。

四、网络消费行为与三种消费者

对网络消费行为和三种消费者的讨论，旨在发现营销者应该如何影响和管理网上消费者行为，如表 3-1 所示。在个人决策制定过程中，使用者和购买者角色集中在一个人身上；而且在很多情况下，付款者也由同一个人来充当。因此，消费者会对买什么

有更大的控制能力,不太可能进行冲动性购买。下列决策制定的各个步骤与三种消费者角色都是相关的:问题确认、信息搜索、选择对象评估、选择或购买,以及购买后经历。

表 3-1　个人与企业网上决策制定和三种消费者角色

概　念	使用者	付款者	购买者
个人消费者网上决策:特殊方面			
问题确认	·使用者是主要的问题确认者 ·非网络广告媒体为网站创造拉动性需求	·网上价格比非网络市场的价格更有竞争力,意识到这一点将成为问题确认的一种刺激物	·购买者对当前选择的不满意以及 ·目标市场明确的标题广告可以促使人们寻求变化
信息搜索	·使用者可以通过网上论坛从其他使用者那里寻求相关信息;因此对口碑非常重要	·付款者会寻求价格对比,而价格对比在因特网上是很容易获得的; ·营销者也应该对网上购物的经济性进行宣传	·这点对于购买者非常重要 ·因特网上的信息非常广泛 ·营销者必须保证网站便于浏览,信息不会太少,也不要太多
选择对象评估	·使用者价格最为重要 ·营销者应该了解消费者的网上资料,并有针对性地提供产品与服务	·付款者会通过价格比较来实现价格价值的最大化 ·成本完全透明化对营销者和付款者双方均有益	·补偿性选择模型一般不适于网络环境下的产品选择,但是网页却可以为购买者提供使用联合式或分离式的选择模型
购买	·这方面使用者的地位不是很重要	·关键问题在于如何展示网上产品的价格价值 ·从前的体验以及合适的价格起到关键作用 ·营销者应该使价格简单透明,并提前说明所有的附加费用	·营销者应该解决购买者进行网上购物时对于信任、安全和隐私问题的担忧 ·购买者还会关心网站的使用方便程度

续表

概　念	使用者	付款者	购买者
个人消费者网上决策:特殊方面			
购买后	·体验情况在很大程度上取决于使用者角色 ·和非网络市场相似,营销者可以提供刺激物来让消费者相信他们做出了正确的选择,从而可以提高满意度、培养消费者忠诚		·因特网在很大程度上使得口碑传播更加方便 ·对于"匿名性"的承诺使得主动性不强的购买者也可以自由地发表意见 ·不满意的突出程度以及归因于营销者的程度会影响到购买者的投诉倾向

对于网上消费者和非网络消费者而言,内部刺激物导致问题确认的情况大致是相同的。虽然问题确认一直都被认为是使用者角色的事情,但是其他两种角色也可以成为问题确认的原因。例如,从付款者角度来看,如果他发觉网上购买的成本低于非网络购买,这种感知就会促使他去浏览因特网,以寻找价格便宜的产品。关键问题是如何说明网上产品的价格价值。例如,航空公司称网上订票价格比通过旅行社或电话中心订票便宜10%。同样,购买者在看到网上的标题广告时,可能会觉得他目前使用的卖家无法提供方便满意的服务。

在信息搜索阶段,丰富的信息令使用者可以更加细致地评估一种产品所提供的利益。付款者可以对大量的卖家进行价格比较,而购买者则很容易收集到所有的信息。喜欢浏览的购买者可以找到新的解决方案,购物者则可以帮助付款者找到最佳的价值。在传统情况下,消费者总是在一个范围狭窄的回忆组品牌当中进行选择,而现在因特网上有大量丰富的信息,因此回忆组已经被大大扩展了,甚至是原来介入程度为零的购买者也可以花最小搜索努力来为购买者角色提供大量的信息。在选择对象评估阶段,使用者价值是最重要的评估标准。营销者发现网上提供的信息可以使消费者再次光顾网站,进而增加消费者对某一品牌的兴趣和忠诚度,使消费者更有可能形成正面的使用者评估。由于购买者有大量的选择,因此补偿性选择模型一般不适合因特网环境。相反,消费者却可以通过网页来利用联合式或分离式模式进行评估。

在购买阶段,购买者和付款者的价值成为最重要的因素。付款者要了解有哪些额外的费用(运输费、税费等)。高运输成本往往会对购买起到阻碍作用,好在网上购买可以免交销售税,因此,如果地方的销售税率很高的话,就会在经济上促使消费者到网络上进行购买,购买者在浏览网站时寻求的是使用和浏览的方便性。如果某家网站不易于浏览,上面的信息不够或信息超载,那么消费者付出很低的转换成本就可以立即转换到另一家网站上去。

在购买后阶段,购买者可能会后悔,而使用者将对使用经历进行评估。因特网上有公开的论坛,上面有购买者提出的正面或负面的口碑信息,即使是主动性较弱的购买者也可以在上面发表观点。这些观点和评价会影响未来有购买意向的消费者的购买行为,因此提高网络消费者的满意度,建立良好的网络口碑对企业来说至关重要。

企业购买过程中的角色分工比家庭消费者要显著得多,这使得网上的企业间营销变得异常复杂。网上企业间营销中的一个决定性因素是购买类别,主要分为直接重复购买、修正性重复购买和新购三种。而企业采用何种购买类别会直接影响到采购中三种角色——付款者、购买者和使用者的作用。

在直接重复购买的情况下,B2B网络商务模型是最为有利的。和其他商务模型相比,这种模型中的决策制定更加自动化,而且网站不会吸引所有的三种角色。一般说来,购买者是唯一的作用点。在这种情况下,购买者的影响能力很强,如果价格不符合标准,因特网会使价格降下来。一般说来,目录中心、购买者集合、市场交易中心和流动拍卖模式都会被用来满足消费者的采购需要。

修正性重复购买对于大多数企业来说并不容易。由于需要重新确定采购品的新的规格规定,修正性重复购买将更加复杂,三种角色之间的互动程序更高;逆向拍卖的B2B模型更加适合于修正性重复购买。

新购需要耗费的时间与精力成本最高。如果企业准备进行一次新购买任务,那么三种角色之间的互动将更加广泛。付款者必须去筹集资金,购买者将从供应商处寻求大量的信息,以满足新设计或新性能的要求。业务交易社区型的B2B模型为购买者提供了专门信息,而拍卖模型则更多地被用于一次性购买和特殊购买。

第三节 网络消费者购买决策过程及影响因素分析

与传统营销环境一样,网上消费者购买的决策过程也是消费谨慎地评价某一产品、品牌或服务的属性并进行选择、购买能满足其某种特定需要的产品的过程。不同的是网络购买决策过程由于受很多因素影响变得更加复杂多样,这使得消费者在进行网上购买时考虑的因素更多,决策过程变得也就更加复杂。

一、网络消费者的购买决策过程

网络消费者的购买决策过程是指网络消费者为了满足某种需求,在一定的购买动机的支配下,在可供选择的两个或两个以上的购买方案中,经过分析、评价、选择并且实施最佳的购买方案,并指导其购买行为的过程。市场营销学家把消费者的购买动机和购买行为概括为6O模型,从而形成对消费者购买行为研究的基本框架。

(一)消费者需求是什么

有关产品(Objects)是什么。通过分析消费者希望购买什么,为什么需要这种商品而不是需要那种商品,研究企业应如何提供适销对路的产品去满足消费者的需求。

(二)为何购买

购买目的(Objectives)是什么。通过分析购买动机的形成(生理的、自然的、经济的、社会的、心理因素的共同作用),了解消费者的购买目的,采取相应的市场策略。

(三)购买者是谁

购买组织(Organizations)是谁。分析购买者是个人、家庭还是集团,购买的产品供谁使用,谁是购买的决策者、执行者、影响者。根据分析,组合相应的产品、定价、渠道和促销。

(四)如何购买

购买组织的作业行为(Operations)是什么。分析购买者对购买方式的不同要求,有针对性地提供不同的营销服务。在消费者市场,分析不同类型消费者的特点。例如,经济型购买者追求性能和廉价,冲动型购买者喜爱情趣和外观,手头拮据的购买者要求分期付款,工作繁忙的购买者重视购买方便和送货上门等。

(五)何时购买

购买时机(Occasions)是什么。分析购买者对特定产品的购买时间的要求,把握时机,适时推出产品,如分析自然季节和传统节假日对市场购买的影响程度等。

(六)何处购买

购买场合(Outlets)是什么。分析购买者对不同产品的购买地点的要求。例如,日常生活的必需品,顾客一般要求就近购买,而选购品则要求在商业区(地区中心或商业中心)购买,进行挑选、对比,特殊品往往会要求直接到企业或专业商店购买等。

二、影响网络消费者购买行为的主要因素

(一)消费需求

根据中国互联网络信息中心历年发布的中国互联网络发展状况统计报告的相关数据(如表 3-2 所示)可以看出,虽然随着我国互联网技术应用水平的提高和应用领域的拓展,基于互联网环境的商务活动有所增长,但我国网民对互联网的应用目前主要集中在精神消费领域。随着网络与电子商务的普及,网络市场完全可以满足需求层次理论中那五个层次的需求,满足人们衣食方面基本生理需求、安全需求的商品不仅已进入网络市场,而且许多商品还取得了比传统市场更佳的营销业绩。网络不仅满足了人们社交、被尊重和自我实现的各种消费需求,而且还创造出许许多多新的需求实现模式。

表 3-2　我国互联网用户各类网络应用状况

类型	应用	使用率(占当年互联网用户总数的比例)								
		2005	2006	2007	2008	2009	2010	2011	2012	2013
娱乐	网络音乐	38.3%	34.4%	86.6%	83.7%	83.5%	79.2%	75.2%	77.3%	79.5%
信息获取	网络新闻	67.9%	53.5%	73.6%	78.5%	80.1%	77.2%	71.5%	77.3%	75.5%
信息获取	搜索引擎	65.7%	51.5%	72.4%	68.0%	73.3%	81.9%	79.4%	80.0%	81.1%
交流沟通	即时通信	41.9%	34.5%	81.4%	75.3%	70.9%	77.1%	80.9%	82.9%	83.0%
娱乐	网络游戏	33.2%	26.6%	59.3%	62.8%	68.9%	66.5%	63.2%	59.5%	59.7%

续表

类型	应用	使用率(占当年互联网用户总数的比例)								
		2005	2006	2007	2008	2009	2010	2011	2012	2013
娱乐	网络视频	37.1%	36.3%	76.9%	67.7%	62.6%	62.1%	63.4%	65.9%	65.5%
交流沟通	博客应用	14.2%	25.3%	23.5%	54.3%	57.7%	64.4%	62.1%	66.1%	65.4%

注:资料来源于《历次中国互联网络发展状况统计报告》,www.cnnic.net。

消费者通过互联网可直接参与生产与流通循环。商业流通循环由生产者、商业机构和消费者共同完成,商业机构充当生产者和消费者连接的纽带。传统市场中,消费者只能通过各种销售渠道选择生产企业已经设计制造出来的产品与服务。这种模式下,消费者无法表达自己的意愿和要求,同时由于技术、资金等条件的限制,企业也难以满足消费者的个性化需求。但在网络环境下,消费者与生产者可直接构成商业循环,消费者可直接参与产品设计本身就是一个满足消费者的被尊重和自我实现需求的过程。

(二)消费成本

无论是传统商务模式还是电子商务模式,消费者购买产品和服务都必须支付显性成本和隐性成本。在网络环境中除支付购买商品、配送费用等显性成本外,还需要支付获得所需要商品与服务外的其余成本。

1. 观念转变成本

网络消费者和供应商不受时空限制,在虚拟环境下进行交易活动,要消费者从传统的消费模式转变到网络消费模式,首先需要观念上的转变。目前,制约国内消费者进行网络购物的主要原因是"不习惯"。据 CNNIC 发布的《2009 年中国网络购物市场研究报告》显示,45.3%的受访者由于不习惯而放弃网购。虽然,这种情况在最近一两年来情况有所改善,但仍需企业进行积极的宣传和引导,促成消费者接受这种转变,消费者也需要耗费大量的时间和精力接受电子商务模式,双方都要花费一定的成本。

2. 信息搜寻成本

网络市场为消费者获取商品和服务提供了空前的选择余地,但是,为了从互联网海量的信息中挑选出自己所需要的产品和服务信息,消费者必须耗费大量的时间和精力去了解到哪儿选、怎样选之类的问题。与传统市场中消费者只在有限的范围内获得符合所需的商品与服务相比,消费者需要付出更多的信息搜寻成本。

3. 学习成本

实现网络消费需要消费者掌握应用计算机和网络的能力,并具有网上购买的经验。要具备这两方面的能力,都需要消费者花费许多时间和精力来学习,而传统消费环境下的消费者则完全不受这种限制。据 CNNIC 发布的研究报告显示,"网购用户放弃使用某一购物网站,最主要的原因是找不到需要的商品,这占流失用户的 47.1%[1]"。另据 CNNIC 提供的统计数据,"目前手机用户不使用手机上网的主要原因是不懂得怎么用手机上网,占比 52.8%[2]"。人们对于智能手机上网、安装 App 程序等操作存在技术门槛,需要付出更多的学习成本去适应网络购物环境。

4. 安全成本

网络市场中的安全问题涉及两个方面,一是网上销售的药品、食品等商品在安全性能上是否达到了规定的标准;二是许多消费者担心交易过程中自己的账户和密码被盗。因此,企业与消费者都必须为此支付相应的费用,这也是网络环境下支付的主要隐性成本。因此,有效降低消费者的安全成本,是增加网络消费切实可行的方法。

---

[1] CNNIC. 2012 年中国网络购物市场研究报告[R]. 2013(3)
[2] CNNIC. 2012 年中国移动互联网发展状况统计报告[R]. 2013(4)

5. 体验成本

许多消费者把购物当作一种休闲,而不是一种浪费时间和精力的活动。网络购物活动无法使消费者体验到在传统市场中购物的悠闲与乐趣,无法用感官感受到实在的、具体的商品和服务,消费者支付的这部分隐性成本称为体验成本。

研究隐性成本最大的难度是难以计量,因此,许多对网络消费成本的研究主要考虑安全成本和信息搜寻成本。

(三)消费环境

1. 依托技术实现的交易环境

网站的方便性、可靠性、安全性、交互性等技术因素对消费者的网上购买行为都将产生影响。另据CNNIC的统计,在B2C网站的浏览者中,有18%因为缺乏支付工具而没有进行网购;而在C2C网站的浏览者中,则有18.5%的用户由于缺乏相应的网购知识而未能成交。因此,如何使广大消费者适应网络消费环境已是网络营销需解决的现实问题之一。

2. 选择的范围扩大

无时空限制的互联网络,以及计算机与网络系统强大的信息处理能力,为消费者提供了空前的商品选择空间,消费者可以根据自己的需要广泛选择各种商品和服务。

3. 选择更加便利

无时空限制的互联网络,使消费者可以在任何时间、任何地点选择满足自己需要的商品和服务,相对于传统的店面购物方式,消费者选择更加自由方便。

4. 知识性的消费环境

"《北京晨报》进行的家居消费调查显示:有15%的被访者是

通过'网络介绍'途径了解建材品牌及产品的[①]"。网络为消费者了解自己并不熟悉的建材产品提供了便捷的途径。这也说明了知识营销的必要性。知识营销是指通过科普宣传,向消费者传播新的科技知识,使消费者萌发对产品的兴趣和需求,达到市场开发和拓展的目的。尤其是对消费者具有"陌生感"的新产品,其作用更为重要。互联网为消费者提供了知识性消费的良好环境,他们可以通过网络获得企业提供的相关产品的专业知识,增加对产品的深层次认识。

5. 企业形象与品牌的价值提升

企业形象是企业通过外部特征和经营实力表现出来的得到消费者和市场认同的企业总体形象。企业的知名度、信誉度、美誉度是传统营销模式下的企业资本,在网络这样的虚拟环境中,由于消费者无法通过身体体验感知判断商品和服务的质量,增加了消费者的感知风险,因此,良好的企业形象和知名的品牌对网络消费者将产生很大影响。

除此之外,政治、经济、法律环境、信用制度的建立、支付与物流配送体系的完善等环境因素对网络消费行为也都会产生一定的影响。

[①] 陈志浩,刘新燕. 网络营销[M]. 北京:中国发展出版社,2013,第75页

第四章 企业网络营销战略规划

企业网络营销战略是企业网络营销工作能够正常发展和进行的基本保障,在激烈的市场竞争中,如果企业没有一个明确的发展计划与发展目标,那么企业很难将自己的优势发挥到市场竞争中。因此,企业有必要把自己的未来的发展目标确定下来,将实现这个目标的策略固定下来,形成一套有效的保障机制。

第一节 企业网络市场营销战略分析

市场营销是网络营销的基础,网络营销是企业市场营销战略的有机组成部分,企业的网络营销战略必须与市场营销战略相适应,这样才能最大限度地发挥网络营销的作用。

一、企业战略的含义

(一)企业战略的概念和特点

1.企业战略的概念

战略一词最早是用于军事战争中的,意思是对整个战略局面的谋划,是贯穿于某一个阶段的根本性的指导思想与行动方针,对战略目标的达成具有重要的意义。而战略一词在管理学层面上的应用,使其内涵得到了新的扩展,不再仅仅局限于军事战争领域。具体来说,企业战略是指,企业以自身的资源和实力为出发点,为寻求更加稳定、更加长久的发展,从企业经营的全局出发而做出的对整个企业未来发展基调的谋划。从这一描述中,我们也可以看出,着眼于自身的资源和实力是企业战略的基本出发点,而稳定、长久的发展则是企业战略的基本目的。企业在制定战略时,一定要考虑战略的可行性,制定一个合理的战略目标,为企业的长远发展保驾护航。

2. 企业战略的特点

企业战略是企业各种战略的统称,其中既包括竞争战略,也包括营销战略、发展战略、品牌战略、融资战略、技术开发战略、人才开发战略、资源开发战略等等。企业战略的内容虽然多种多样,但其基本属性是相同的,都是对企业整体性、长期性、基本性问题的谋划。具体说来,企业战略具有以下特征。

一是全局性。企业战略是以发展为目的的一种长期规划,因此无论是从过程看,还是从结果看,它都应该是从全局出发来考虑发展战略问题。

二是方向性。企业战略是企业在未来相当长的一段时期内的基本发展思路,如果战略方向出现偏差,那么对企业未来的发展具有很大的影响,为了保证企业能够朝着既定的目标顺利发展,企业战略必须具有明确的方向性。

三是长期性和相对稳定性。企业战略既是一家企业谋取长远发展要求的反映,又是这家企业对未来较长时期内生存和发展的总体考虑,就一定时期而言具有相对稳定性。

四是竞争性。企业战略是关于企业在激烈的竞争中如何与对手抗衡的行动方案,也是针对来自各方的冲击、压力、威胁和困难,迎接这些挑战的基本安排。

五是适应性。任何企业战略的制定都是企业处在具体的外界环境之下并结合企业自身的优、劣势所制定的,因而必须具有一定的适应性。当环境或企业内部发生剧变,原战略得以实施的条件已不具备时,企业应适时调整战略。

(二)企业的战略层次

企业战略是一个分层次的逻辑结构,它至少可分为三个层次,即总体战略、业务战略、职能战略。企业战略层次关系如表 4-1 所示。

表 4-1 企业的战略层次

战略层次	主要决策区域	关键决策者
总体战略	企业使命 战略业务单位定义 战略业务单位目标	企业管理层
业务战略	战略种类 战略实施	业务单位管理层
营销战略	目标市场选择 确定营销组合 整合营销传播	营销管理层

1. 总体战略

总体战略又称为公司战略。总体战略根据企业使命,选择企业参与竞争的业务领域,确立业务组合,合理配置企业资源,确保各业务单位之间的协调统一。譬如说企业是否进入 IT 行业,进入到哪一具体的领域,是网络服务、软件、硬件,还是其他的领域的决策,就属于总体战略。

2. 业务战略

业务战略又称为经营单位战略或竞争战略,是各个战略经营单位或有关的事业部、子公司的战略。对于那些专业的网络服务企业而言,它们可能进一步将自己的业务分成不同的经营单位,譬如说网络广告业务部、网络建设业务部、网络租赁与托管业务部、网络软件平台开发业务部等,这些业务部分别都有自己的发展规划。

3. 职能战略

职能战略即职能部门战略。职能战略涉及营销、生产、财务、人力资源等职能领域,它们通过最大化资源产出率来实现公司或事业部的目标和战略,其目的是规划支持经营战略,实现职能部门目标行动方案及更低层次部门行动的协调统一。在从事网络营销的传统型生产企业中,网络营销可能从属于营销部门,也可能单独列出形成一个部门,这时候的网络营销战略规划都属于职能规划的范畴。在有的传统型企业,特别是商业贸易型企业中,也包括部分网络营销功能非常强大的生产型企业。网络营销是一项直接参与企业竞争的具有强大盈利能力的业务,此时的网络营销计划属于业务战略规划。

(三)网络营销战略的概念

与传统企业从事经营活动一样,企业(无论是传统企业还是专业网络企业)从事网络营销都应制定相应的战略。在明确企业的使命及企业目标后,制定与之相应的经营战略战术。这就要求企业从事战略规划的人,在充分研究企业所处的特殊的网络营销环境后,运用科学的方法进行相关分析与预测,制定合理的战略规划。制造商可以利用数字信息技术来配合营销战略的实施,市场营销在信息技术的作用下,就会转变成网络营销行为。网络营销战略(Internet Marketing Strategy)是指企业在网络技术的支持下,在市场营销观念的影响下,为了实现企业经营目标而设计的一系列规划和指导方法。

二、电子商务网络营销战略的目标和原则

(一)电子商务网络营销战略的目标

网络营销是从传统营销中发展起来的,它们都是为实现企业营销目标服务的,因此,网络营销与传统营销具有相同的战略目标。不同的是,网络营销实现战略目标的方式与手段有所差异。在企业网络营销目标的制定过程中,企业相关部门的人员参与目标的制定。制定网络营销战略目标时必须考虑到同公司的经营战略目标是否一致,同公司的经营方针是否吻合,同现有的营销策略是否产生冲突,这就要求在制定目标时必须有企业战略决策

层、策略管理层和业务操作层的相关人员参与讨论。网络营销一般有以下5种战略目标。

1. 销售型网络营销目标

企业建立网站一方面是为了更好地宣传企业,展示企业实力,另一方面是为了拓宽企业网络营销的渠道,为用户提供更方便、更快捷的咨询与交易服务。目前许多传统的零售店都在网上设立销售点,如北京图书大厦的网上销售站点。

2. 服务型网络营销目标

企业网站能够为用户提供更多的服务,是企业调整客户关系,树立企业形象的重要依据。目前来看,基本所有大企业都设置了网站,为用户提供更为完善的服务。

3. 品牌型网络营销目标

品牌宣传是企业营销的一个重要策略,建立企业的品牌形象,不仅需要企业提供质量可靠、服务周到的产品,还要加强与消费者的交流和沟通,建立起顾客对企业的信任和品牌忠诚度。

4. 提升型网络营销目标

网络营销既是一种投资少见效快的营销手段,也是创意新颖方法合理的营销手段,它能够在网络的帮助下爆发出巨大的能量,大幅度提升企业网络营销的效果。

5. 混合型网络营销目标

混合型网络营销目标是包括上面两种或两种以上目标的一种营销战略。采用混合型网络营销目标,企业要根据营销发展阶段合理确定每个阶段的主要目标,将精力集中到最有效的领域。

(二)电子商务网络营销战略的原则

电子商务网络营销有别于一般的电子商务和单纯的网络营销,因此,电子商务网络营销战略不同于一般的企业战略,是企业战略的核心;也不同于一般的网络营销战略,比一般的网络营销战略具有更加丰富的内涵。

制定电子商务网络营销战略应遵循如下原则。

1. 资源优化原则

电子商务网络营销战略的制定与实施，首先，要考虑改变原有的组织结构，以适应基于电子商务实现网络化营销的需要；其次，要合理配置和优化企业的内部资源，如人力资源、设备资源、信息化基础设施、商务管理和营销模式等，以适应现代营销模式的需要；最后，要充分考虑企业外部资源的优化与管理，巩固和加强与供应商、顾客的关系，完善物流供应链管理体系，完善售后服务体系。企业资源的优化配置是实现电子商务网络营销的基础。因此，制定和实施电子商务网络营销战略，应吸纳 SCM、CRM 和 ERP 的理论和方法。

2. 技术集成原则

电子商务网络营销从根本上讲，是借助一个集电子商务和网络营销为一体的软件系统来开展的，它具有很强的技术集成性。因此，在制定电子商务网络营销战略时，应充分考虑技术实现的可行性和先进性，如企业信息化基础设施建设的战略规划、信息技术人才培养的战略规划、信息技术应用的战略规划等，都应纳入电子商务网络营销战略规划中，进行通盘考虑。因此，电子商务网络营销战略具有高度的技术集成性特点。

3. 内外协同原则

电子商务网络营销的实施，离不开企业内部的商务管理和商务营销模式，离不开同行业、同系统有关企业的支持，离不开所在区域网络化大环境，也离不开供应商和顾客的商业行为和习惯，因此，电子商务网络营销战略的制定，应协调好企业内外部各方的观点。只有充分考虑各方协同，以系统论和协同论的观点做指导，才能制定出合理的、可行的电子商务网络营销战略。

4. 顾客至上原则

实施网络营销的主要目的就是扩大企业的影响、推广企业的产品、巩固和完善与顾客的关系、提高顾客的忠诚度，以实现企业利润的最大化。因此,在制定和实施电子商务网络营销战略时,应遵循顾客至上的原则,把如何密切顾客关系、发展顾客数量、增强顾客的忠诚度,作为电子商务网络营销战略的主要内容。因此,制定和实施电子商务网络营销战略,应融入 CRM 的理论和方法。

三、电子商务网络营销战略分析

(一)电子商务网络营销竞争优势分析

1. 成本费用控制

开展网络营销给企业带来的最直接的竞争优势是企业成本费用的控制。网络营销采取的是新的营销管理模式。它通过因特网改造传统的企业营销管理组织结构与运作模式,并通过整合其他相关部门,如生产部门、采购部门,实现企业成本费用最大限度的控制。互联网通过开放的统一标准,将不同类型的计算机连接在一起,可以实现资源和信息共享,同时还可以实现远程的信息交流和沟通。这一切都是互联网技术的发展和使用的结果。许多企业已将互联网技术应用到企业管理中来,并且取得了很大的经济效益。利用互联网降低在管理过程中交通、通信、人工、财务和办公室租金等成本费用,可最大限度地提高管理效益。许多人在网上创办企业也正是因为网上企业的管理成本比较低廉,才有可能独自创业和寻求发展机会。

2. 创造市场机会

互联网上没有时间和空间限制,它的触角可以延伸到世界每一个地方。因此,利用互联网从事市场营销活动可以远及过去靠人工进行销售或者传统销售所不能的达到的市场,网络营销可以为企业创造更多新的市场机会。

3. 让顾客满意

在激烈的市场竞争中,没有比让顾客满意更重要。由于市场

第四章　企业网络营销战略规划

中顾客需求千差万别,而且顾客的情况又不相同,要想采取有效营销策略来满足每个顾客需求比登天还难。互联网出现后改变了这种情况,利用互联网企业可以将企业中的产品介绍、技术支持和订货情况等信息放到网上,顾客可以随时随地根据自己需求有选择性地了解有关信息。这样克服了在为顾客提供服务时的时间和空间限制。利用互联网可以起到以下作用:一是提高顾客服务效率;二是为顾客提供满意的订单执行服务;三是为顾客提供满意的售后服务;四是提供客户满意的产品和服务。

4.满足消费者个性化需求

网络营销是一种以消费者为导向,强调个性化的营销方式;网络营销具有企业和消费者的极强的互动性,是实现全过程营销的理想工具;互动性提高消费者的参与性和积极性,使企业营销决策有的放矢,从根本上提高消费者的满意度;网络营销能满足消费者对购物方便性的需求,省去了去商场购物的距离和时间的消耗,提高消费者的购物效率;由于网络营销能为企业节约巨额的促销和流通费用,使产品成本和价格的降低成为可能,可以实现以更低的价格购买。

(二)网络营销竞争的战略分析

网络营销作为一种竞争手段,具有很多竞争优势。要了解这些竞争优势如何给企业带来战略优势以及如何选择竞争战略,就必须分析网络营销对组织的业务提供的策略机会和带来的威胁。企业竞争中面对:新的进入者威胁、供应商讨价还价能力、现有竞争者之间对抗、消费者讨价还价能力、替代产品或服务威胁。企业必须加强自身能力,改变企业与其他竞争者之间的竞争对比力量。企业可以采取以下几个竞争战略提高竞争力。

1.成本领先

努力使网络营销的成本降到同类竞争者中的最低水平。如果是生产型企业的网络营销经营单位,则要配合生产部门、原材料供应部门以及其他相关部门降低成本。

2. 差别化

这种战略的竞争优势主要依托在产品设计、工艺、品牌、特征、款式和顾客服务等各个方面或其中的几个方面,与竞争者相比能有显著的独到之处。

3. 重点集中或"聚焦"

一般的成本领先和差别化战略,多着眼于整个网络市场或整个行业,从大范围谋求竞争优势。重点集中或"聚焦"则是把目标放在某个特定的、相对狭小的领域内,争取成本领先或者争取差别化,从而建立相对的竞争优势。这种战略虽然有利于资源集中使用,形成竞争优势,但是由于产品或市场领域过于狭窄,没有后备和规避的余地,容易在受到攻击后出现全盘崩溃的局面。战略规划是竞争性的,所以,网络营销单位战略规划的战略思想选择,也可以依据竞争的战略原则来选择。也就是说,网络营销经营单位可以采取以下制胜战略中的一种或几种作为战略思想。

(1)创新制胜。即企业应根据网络市场需求不断地开发出适销对路的新产品,以赢得市场竞争的胜利。采用这种战略的企业应该具备强大的产品研究阵营,跟踪市场需求动态。

(2)优质制胜。即企业向网络市场提供的产品在质量上优于竞争对手,以赢得网络市场竞争的胜利。

(3)廉价制胜。即企业对于同类同档次产品比竞争对手更便宜,以赢得网络市场竞争的胜利。

(4)技术制胜。即企业致力于发展高新技术,实现技术领先,以赢得网络市场竞争的胜利。采用这种战略的网络营销企业应当密切关注技术的发展动向,及时引进新技术。

(5)服务制胜。即企业提供比竞争者更完善的售前、售中和售后服务,以赢得网络市场竞争的胜利。

(6)速度制胜。即企业以比竞争对手更快的速度推出新产品和新的营销战略,抢先占领网络市场,赢得网络市场竞争的胜利。

(7)宣传制胜。即企业运用网上和网下的广告、公共关系、人员推销和销售促进等方式大力宣传企业和产品,提高知名度,树立企业和产品的形象,以赢得网络市场竞争的胜利。

(三)认识电子商务网络营销战略的重点

迈克尔·戴尔被称为赚钱的天才,有人问戴尔这样一个问题:"在运作公司的整个过程中什么是最有价值的?"戴尔脱口而出:"客户"。他说:"按照客户的要求去做是 Dell 公司的信条。"美国学者希博德(Patricia B. Seybold)出版了一本名为《顾客公司》的书,在深入分析了包括 Dell、Amazon 这些著名的网上公司的许多实例后,归纳出这些公司成功的共同原则,那就是企业在制定网上营销策略时,应该把重点放在顾客身上,完全从顾客的角度出发,建立一个对顾客友善的网上营销环境。营销策略的重心从产品转向顾客,企业界不再单纯追求生产更多、更廉价的产品。而是努力提供更适合顾客需要(哪怕是小批量、个性化)的产品和服务。应该说,"一切为顾客服务"这个原则看似简单,但它正是网络营销成功的第一法则。互联网络的功能使网络营销可以扩大企业的视野,重新界定市场的范围,缩短与消费者的距离,取代人力沟通与单向媒体的促销功能,改变市场竞争形态。因此,企业电子商务网络营销战略的重点也相应体现在以下几个方面。

1. 顾客关系再造

说到底,企业经营的直接目的之一是为企业的拥有者带来利润,而利润是由顾客给的,没有顾客就谈不上企业发展。客户是企业的衣食父母,客户应受到尊重。因此应准确知道:顾客是谁,他们有什么需求。网上企业的经营者一定要懂得,顾客想要的东西其实很清楚,在需要时能方便、快捷地提供最满意的服务,当然花费不要太多,并且最好是为自己量体定做一套产品和服务。以往受限于时间与资料,买主无法充分比较服务的优劣。如今,网络随时随地、无所不在,电子商务把最终用户推到经济发展的主导地位。只有那些能向最终用户提供最佳服务的企业才有竞争力。

消费者在整个经济生活的链条中占据主导和中心的地位。

所以不仅不能得罪还要设法紧紧拉住每一个已有的顾客,拉住客户的最重要的策略就是提供满意的服务。独特的网上营销方式,使消费者的选择空间扩展到全球范围的商店,他们很容易获得有关产品的各种信息。在这种情况下企业若不去充分研究顾客的需求,吸引住更多的顾客,企业自然就难以生存。因此,一个网上企业应努力实行客户关系再造,做到以下几点。

(1)从顾客角度重组企业流程。

(2)把重点放在最终顾客。

(3)让顾客喜欢你的网站。

(4)让顾客更方便地和你打交道。

(5)培养稳定的客户群体。

(6)促进顾客忠诚。

(7)提供更多、更及时的售后服务。

2.定制化营销

所谓定制化营销,是指网站经营者根据顾客的各种需求,主动为顾客提供一对一的个性化服务。互联网的趋势将由大量销售转向定制化的销售,公司将能够了解每个消费者的要求并迅速给予答复,在生产产品时就可以对其进行定制。企业通过对消费者信息的搜集和整理,明确顾客群体之间的需求差异,可以有针对性地为顾客提供其所需要的产品和服务,让顾客享受到更加周到、更加人性化的企业服务。在现代营销中,一对一的交流是拉近企业与顾客距离感的重要手段,也是企业在市场网络营销中经常采用的一种营销手段。定制营销也将促进市场的细化,从而使按需提供的产品和服务能为客户广泛接受。而且,细分的程度越高,就越能够准确地掌握顾客的需求,市场的细化则会扩大企业运行的空间。

定制化营销使顾客在选择服务的方式和内容时有充分的主动权,在更高的层次体现企业为最终用户服务的理念。这不仅需要网站经营者对目标群体有准确的细分和定位,还需要恰当运用网络营销的各项技术来实现这一理念。应用定制化营销方式可以有效地吸引更多的网民,而这恰恰是网上企业生存的源泉。

3. 建立网上营销伙伴

网络经济时代合作是发展的重要先决条件,在这个注重联系的时代,无论是生产商、销售商,还是顾客都被网络有机的联系在一个商品供应链条中,因此彼此之间的关系直接影响到整个供应链条的运转。企业的营销行为实质上就是将各方面的关系不断加强、稳固,增强企业商品销售渠道的稳定性,促进企业的稳定发展。任何企业想要在网络发展中获得成功,都必须重视各种关系的经营,不断优化上游关系,协调下游关系,打造稳固、长久的合作关系。

在市场经济发展比较成熟的国家,为了增强市场的流通性,加快产品流通的速率,在产品的配送上经常采用多核心的配送中转制制度。这些配送核心与产品上游企业紧密联系,能够迅速从供应商取得产品,当然也有一些物流单位会自建仓库存放上游产品,然后利用自己在配送中的有利地理位置迅速将产品送到消费者手中。快速的物流离不开各个单位和紧密配合,如果企业与上游、下游的功能单位和组织关系不好,所有的配合和工作都会面临巨大的困难,供应链也不可能顺利运转。

在这个讲求分工协作的时代,一个企业只需完成自己最擅长的那一部分工作,而把其他工作转包给更有经验或更具生产优势的厂商。互联网使得上下游企业(包括客户)的整合成为可能,并在更大范围内建立起网上营销伙伴关系,实现网络营销的集成。

第二节 企业网络市场营销战略的理论基础与策略组合

市场营销组合是企业在营销过程中企业采取的营销策略和营销方式的组合,它是企业为了保证战略目标的实现而采取的多种措施的组合。网络环境复杂多变,多策略组合的方式能够最大程度上保证企业营销策略的稳定性,保证企业战略目标的如期实现。

一、网络市场营销战略的理论基础

(一)企业战略管理理论

电子商务网络营销战略的制定应以企业战略管理理论为基础,以现代管理理论和方法为指导,与现代网络营销理论相结合。只有这样,电子商务网络营销战略的制定才能具有理论上的合理性、管理理念和策略上的先进性、方法措施上的可操作性。

1. 竞争位势理论

1980年,以迈克尔·波特为代表的哈佛学派提出了竞争位势理论,并逐渐成为当时企业战略管理的主流。其理论核心是以企业竞争者、购买方、供应方、替代产品和潜在竞争者5种产业结构力量形成的竞争力量模型。波特认为,企业制定战略与其所处的市场环境是高度相关的,并且最关键的因素是企业所在的产业。产业的吸引力和企业在市场中获取的位势是企业竞争优势的主要来源,为了保持这种优势,企业必须不断地进行战略性投入以构筑行业壁垒,保持优势位势。

尽管该理论不能挣脱新古典企业理论的束缚,在现实中显露出一些不足,但是,寻求提高竞争位势是其核心思想,因此可以借鉴这种战略思想,通过开展电子商务网络营销以求扩大企业影响、开拓市场、增强市场竞争能力。

2. 资源基础理论

波特的"五种力量模型"忽略了对企业内部的挖潜,因此,以Bamey和Rumeh为代表的资源理论学派对此进行了猛烈的回应。资源理论学派形成了一个分析企业内部资源分配和使用的框架,即以"资源—战略—效益"的逻辑关系制定企业的战略。该框架表达的中心思想是:企业竞争力的差异是由战略的差异,或者更进一步说是由企业资源差异来解释的,是一个从资源到战略再到竞争力的因果关系。而且 Barney 认为,对企业的竞争力而言,只有战略性资源是有用的,而战略性资源必备的特征是有价值、稀缺、不完全模仿、不完全替代。从性质上讲,战略性资源只能是异质的、不完全流动的。

(二)现代管理理论

电子商务网络营销是电子商务与网络营销的综合集成,它具有网络营销活动和网络营销管理的双重职能,既涉及对企业内部资源合理地综合利用和管理,又涉及与外部顾客和供应商的宣传、洽谈咨询、交易支付、物流配送、售后服务和顾客关系等多个方面。因此,现代企业管理思想、理论和方法等种类较多,如 SCM、CRM 和 ERP 等。

1. 供应链管理理论

供应链管理是指在满足一定的顾客服务水平的条件下,为使整个供应链系统成本达到最小,而把供应商、制造商、仓库、配送中心和渠道商等有效地组织在一起来进行产品制造、转运、分销及销售的管理方法。

供应链管理包含丰富的内涵:把产品在满足顾客需求的过程中对成本有影响的各个成员单位都考虑在内,包括从原材料供应商、制造商到仓库再经过配送中心到渠道商。供应链管理的目的在于追求整个供应链的整体效率和整个系统费用的有效性,总是力图使系统总成本降至最低。供应链管理是围绕把供应商、制造商、仓库、配送中心和渠道商有机结合为一体这个问题来展开的,因此它包括企业许多层次上的活动,如战略层次、战术层次和作业层次等。

供应链管理具有如下特点:它是对互动界面的管理,是物流的更高级形态,是协商的机制,强调组织外部一体化,对共同价值有着更大的依赖性,是"外源"整合组织,是一个动态的响应系统。

2.顾客关系管理理论

顾客关系管理是指企业与其顾客之间关系的管理。企业之所以要管理与顾客之间的关系是因为顾客是企业生存和发展的基础,失去了顾客,企业也就失去了它的价值。因此,企业需要通过对顾客关系的管理,来延长顾客在企业中的生命周期,实现顾客价值的最大化,在顾客成长的过程中,企业同时获取价值,实现"双赢"。现代市场营销理论的核心已经由原来的4P向4C和4R转变,一切从顾客的利益出发,为的就是维持顾客的忠诚度。

"顾客关系营销"已经作为现代网络营销的一种重要方法和手段,因此,顾客关系管理理论是电子商务网络营销战略的理论基础之一。

3.企业资源计划理论

企业资源计划是指通过利用建立在信息技术基础上,以系统化的管理思想为企业决策层和员工提供决策运行手段的管理平台,对企业的各种资源,包括硬件资源(厂房、生产线、加工设备、检测设备和运输工具等)和软件资源(人力、管理、信誉、融资能力、组织结构和员工的劳动热情等),以及生产要素,进行合理调配,最大限度地发挥这些资源的作用,使企业的生产过程能及时、高质地完成顾客的订单,并根据顾客订单及生产状况做出调整资源的决策。

(三)现代营销理论

1.经典的4P营销理论

4P营销策略是由Jerome McCarthy提出的,自其诞生半个多世纪以来,对市场营销理论和实践的发展产生了重大的影响。由于4P理论对营销的巨大的影响,它被学者和众多营销专家奉为"经典中的经典"。事实上,直到如今4P理论仍然是企业进行营销决策组合的基本指导理论,可见其影响之深远。从企业营销计划书的制定上来看,4P理论能够完美的解决计划书基础框架的构建,并且一直以来都是营销工作者需要学习的经典理论。

2. 4C理论取代4P理论步入现代

随着时代的进步和发展,商品市场在逐渐繁荣的同时也变得更加残酷,一旦在市场竞争中失败,企业将面临被淘汰的命运。由于社会节奏的加快,4P理论的保守性在市场经济中体现得越来越明显,一种新的营销理论在这种形势下逐渐发展并成熟起来。20世纪80年代,针对4P理论的缺陷,美国人劳朋特提出了针对当时市场变动的4C营销理论,即顾客(Customer)、成本(Cost)、便利性(Convenience)和与顾客沟通(Communication)。

4C营销理论从顾客角度出发,以顾客的需求作为营销的核心,这种以市场为导向的营销较4P营销理论来说具有了较强的灵活性和适应性。

3. 营销理论的最新进展——4R理论

随着新世纪的到来,营销理论的发展也迎来了一个新的发展机遇,2001年美国著名的市场营销研究学者Don E. Schul从一个全新的角度对营销的四个基本要素进行了阐释,即4R营销新理论。

(1)与顾客建立关联(Relevance)

在市场营销的竞争中,顾客作为营销工作的策划核心即是营销的突破口,也是营销的难点。因为顾客需求、顾客群体、顾客体验的动态性和差异性使得企业的营销工作很难获得普遍的成功。就顾客对品牌忠诚度而言,要想赢得长期稳定的市场这是一个不得不考虑的因素,而顾客的忠诚度有时候会因为各种各样的主观感受而发生变化,转向其他的品牌。想要长期保持顾客对品牌的好感度,最有效的方式就是能够与顾客取得良好的沟通和互动,让他们感受到厂家在交易过程中的诚意和对他们尊重,提升他们的交易体验,把这种互助、互求、互需的双方关系稳定的维持下去。特别是在网络营销中,顾客与厂家可以通过信息交流平台进行频繁的沟通与交流,双方交流的愉快程度直接影响着顾客对企业的品牌印象。

(2)提高市场的反应(Reaction)速度

就目前的市场营销竞争来说,经营者面临的主要问题不是如何制定完美的营销计划,而是如何在营销计划实施的过程中能够对消费者的需求做出快速的反应,满足他们不断变化的需求。只有能够及时调整,不断适应市场,满足消费者需求的营销计划才能够在激烈的市场竞争中获得成功。在当前的市场营销中,企业更多担任的角色是宣传者、诉说者,顾客在产品信息的接收中完全处于被动的状态,只有少数企业能够转变自己的思路和做法,将顾客作为营销的核心,他们做到更多的是对顾客疑问的解答,这样可以使顾客感觉到自己在交易中处于主动的地位。充分激发顾客在市场营销中的作用,不仅可以提高企业的服务质量,还能够提高顾客的消费体验是一种双赢的营销策略。

(3)关系(Relationship)

在如今的市场竞争中,关系营销的作用越来越重要。市场经济发展到今天,企业与消费者之间的关系早已经发生了翻天覆地的变化,双方更像是一种稳定的合作关系。顾客可以通过企业获取自己需要的产品和服务,企业通过为消费者提供产品或者服务实现盈利,二者的交易在现代市场中转变为一种责任和拥趸,从而促成双方长期稳定的关系。

(4)回报是营销的源泉(Reward)

对企业来说,市场营销真正的价值在于其能够为企业带来利润,当然这种利润即可以是短期利润,也可以是长期利润。从市场营销的目的上来说,追求回报是营销工作开展的基本前提,也是企业发展的基础,对于维护市场关系来说追求回报与消费者关系的经营实际上存在一定的矛盾。因为消费者总是希望得到物美价廉的商品,而这意味着企业利润空间的压缩,会对企业的盈利带来比较大的影响。这一矛盾是在客观规律的作用下产生的,根本不可能消除,只能进行调和,企业不能放弃自己的利润来换取消费者的青睐,这样的营销是不健康的,也是不长久的。

二、网络营销策略组合

(一)产品策略

在网络营销中,企业的产品和服务想在众多的竞争对中胜出,不仅需要有针对性地对产品形态、特点进行完善,还需要根据互联网营销的特点设计针对性的产品营销策略。

1. 产品形态

在网络交易中,信息产品和有形产品的交易有很大的区别,信息产品可以通过试用来向消费者展示其特点,而有形产品只能进行产品信息和特点的展示,消费者不能通过网络获得其直接的试用体验,虽然在多媒体技术的支持下企业可以通过多种途径全面展示产品的特点,但是试用体验的不足,使得消费者在购买商品是顾虑重重。因此,在网络营销中企业除了要对产品特性进行全面的展示外,还需要通过与顾客的交流和沟通,消除顾客对企业产品的疑虑,促成交易。

2. 产品定位

产品定位与消费者定位、市场目标定位有密切的联系,企业应该试试调整自己的营销策略,使产品或服务的目标与顾客的消费目标保持一致。企业应该首先认识到,网络营销针对的是互联网用户,因此企业在制定营销策略时一定不能以传统的思维和眼光去审视消费者,要充分尊重互联网消费群体的特点。

在产品特征的定位上,企业应该认识到网络消费的消费者大多是缺乏传统购物条件的群体,因此购物的便捷性和服务的周到性是他们最为关心的。除此之外企业也要特别注意产品的质量,保证他们买到质量合格的产品,这样他们很可能在第二次购买同类产品时仍然选择同一个企业,并向周围的朋友推荐。

3. 产品开发

互联网将交易中的信息不对称降低到了最小的程度,由于信息的公开、透明,消费者对于产品的质量、特点以及价格都有一个比较客观的认识,很容易通过比较找到性价比最高的产品。因此,想要依靠传统的手段在互联网营销中占得先机是行不通的。在互联网营销中,只有针对消费者的消费需求,推出其最为需求的产品才能在众多的同类商品中获得消费者的认可。

通过网络,企业可以及时收集市场信息和顾客的反馈意见,因此可以迅速对市场变化做出反应,并通过修改相关的计划来提高企业与市场的契合度,最大限度地满足顾客对产品的需求。

(二)价格策略

网络营销中产品和服务的定价要考虑以下因素。

1. 国际化

国际化是当前经济发展的一个基本趋势,在这种趋势的影响下,商品的跨国流动也逐渐成为一种常态,企业在制定网络营销的策略时需要充分考虑国际市场和外国消费群体的需求,制定更加全面、更加深入的市场营销策略。

2. 趋低化

网络交易的兴起,使得传统的经销模式受到了巨大的冲击,由于中间商变得越来越少,商品的最终售价越来越低。因此,价格是企业在互联网营销中不得不考虑的一个因素。

由于网络的开放性,整个市场的商品的价格都是透明的,企业必须考虑这种客观状况,只有在保证产品和服务质量的前提下,尽量降低商品的成本,企业才能具备更加的利润空间,也可以显著提高自己的竞争力。

3. 弹性化

网络营销是一种互动性的影响,它是在双方充分沟通与交流的基础上达成的,顾客可以就自己希望的价格、方式来完成交易。这是企业在网络营销中应该敢于面对,敢于挑战的一个服务领域和服务项目。

4. 价格解释体系

价格解释体系是企业在互联网营销中必须要提前明确的一个工作项目,因为同类产品的价格差异虽然不大,但不可避免。企业需要向消费者解释这种价格差异的原因,这是双方交易过程中必须要解决的一个问题。

(三)促销策略

1. 拉销

在网络营销中,拉销就是利用种种手段吸引目标消费群体访问企业的电子商务网站,通过消费者对产品信息的了解和相关人员的交流服务促成交易。在拉销中如何吸引目标群体到企业网站进行浏览,是拉销成功的关键因素。从网站建设的角度来说,企业网站的设计必须符合消费者审美需求,并且通过多媒体技术的运用来增强网站信息的生动性。

2. 推销

推销是传统营销中最常用的一种营销方式,在网络营销中推销同样占有重要的地位。推销就是主动与消费者联系,通过向消费者提供产品信息引起消费者的兴趣和购买欲望。一般来说,在网络推销中常用的方法有两种,第一种是利用广告告知消费者,这与传统营销的手段没有什么区别,只不过传播媒介由传统媒体换成了网络媒体;第二种是通过向用户发放邮件或产品信息的推送,这种方式一定注意,切忌频繁发放邮件或者推送引起消费者的反感,这样只能适得其反,对企业信誉造成不良的影响。

3. 链销

链销是一种互动性的营销手法,它是通过与顾客的交流建立起顾客对企业的信任,然后双方自然的达成交易。链销是一种更深层次的营销策略,因为链销的实行代表着企业经营理念的变化,以顾客为中心的传统经营模式,开始向以顾客为中心的经营模式转变,代表着企业的进步。链销能够产生非常积极的附加效果,并催生一系列的良性反应,比如顾客在获得良好的消费体验和服务之后,会积极地向周围的朋友推荐企业的产品或者服务,他们无形中成为企业品牌和企业形象的宣传员。

链销的效果比较诱人,但是成功完成链销的战略目标却是一件非常困难的事,它可能需要企业几年或者十几年的苦心经营才能实现,是一种着眼长远的营销策略。

(四)物流渠道策略

1. 会员网络

网络会员是一种重要的营销方式和营销策略。会员网络是企业建立虚拟社区的一种产物,会员是网络社区中最活跃的消费者群体,他们大多数具有较高的消费能力和消费水平,不仅对企业产品能够起到很好的消化作用,还可以通过这种团体行为获得一定的带动和示范作用,成为企业产品和形象的特殊代言人。

网络会员可以通过企业提供的平台与企业和其他会员交流,不仅保障了会员在消费中的合法权益,还可以加强彼此之间的交流,建立起融洽的顾客关系,树立企业良好的品牌形象。

2. 分销网络

分销网络也是企业网络营销中常用的一种策略,在网络分销中企业会根据产品和服务的差异,为不同的产品和服务提供不同的销售策略和销售渠道。如果企业产品为用户提供的信息产品,企业可以通过自己的网站进行直接销售,这样可以减少中间环节将产品直接卖给消费者,能够大幅度降低产品的价格且不影响企业的利润;如果企业出售的是有形产品,那么企业可以在自己的网站上向用户提供产品信息的介绍,主要目的是树立企业的品牌形象和制度,这样可以为线下的产品销售提供有力的支持,使企业能够不断延伸自己的销售网络。

3. 快递网络

企业在网上售出的有形产品需要经过物流的运送才能最终

到达消费者的手中,这无疑都企业的物流网络提出了更高的要求。在现代经济中,某企业处于专业性和成本考虑会将产品运送的环节交给第三方企业来开展,选择一家物流网络健全、服务一流的快递企业是企业在产品运送中需要认真决策的。

4. 服务网络

服务网络是企业建立自己品牌形象,为自己的产品提供各种售后措施的主要功能实现方式。在现代交易中,企业与消费者完成交易并不代表着双方关系的终结,相反企业如果想获取更长远的发展、树立良好的企业形象,就要本着对顾客负责、对自己产品负责的基本经营思路,建立售后服务网络,让消费者能够没有任何顾虑的购买企业的产品。从内容上来看,企业服务网络所承担的主要责任是为自己的产品提供售后服务,接受消费者的咨询和访问,对企业的新产品进行一定程度的展示和推广。

5. 生产网络

生产网络是企业最基本的经营领域,在网络销售中企业为了更好地配合物流部门或第三方物流企业为商品提供配送,提高企业产品周转的速率,要对生产部门和生产网络进行科学的规划和设计。企业生产部门当然是距离消费者越近越好,当然这种规划想要实现是不现实的,因为消费者分布十分分散,难以找到一个距离所有消费市场都合理的位置,但退而求其次,将企业的生产部门分开来并且安排在交通方便或距离物流企业较近的方位也能有效地提高企业的产品的周转速率,减少消费者的等待时间。

第三节　企业网络市场营销战略的规划

网络市场是一个瞬息万变的市场,企业必须在这种变化中逐渐适应市场发展的节奏,企业市场营销战略是保证企业在市场波动中稳定发展的基础。

一、电子商务网络营销战略的内容

电子商务网络营销战略的规划应包括以下四个方面。

(一)目标规划

目标规划是指企业在总体战略目标的基础上,为实现营销目标所做的计划。企业在制定目标规划的过程中,一定要尊重企业的发展目标,将实现企业目标作为整个规划的核心内容与核心思想,只有这样才能从根本杜绝企业规划脱离实际,与企业目标和利益越走越远的状况发生。

(二)技术规划

技术规划是企业进行网络营销的前提条件。如果没有技术的支持,企业既不可能完成产品信息的发布和介绍,也难以完成产品的交易,可以说整个网络营销和电子商务都是建立在企业技术支持之上的。

(三)组织规划

企业在实现数据库营销之后,要根据企业的产品的特点和目标市场的需求来调整自己的营销策略,并建立专门的组织机构负责网络营销工作的相关工作。

(四)管理规划

在网络营销中企业对组织机构进行完善之后,要根据组织的特点和营销策略的需求来对其进行科学的管理和规划,以保证企业营销策略的能够取得成功。

二、网络营销战略规划的主要内容

网络营销战略规划应包括以下几个方面的主要内容。

第四章 企业网络营销战略规划

(一)确定营销目标

网络营销管理是从传统的营销中发展起来的一种营销策略,它与传统的营销管理一样首先要明确企业营销的目标。只有确定了营销目标企业才能有重点的对营销策略进行规划与管理,有的放矢地将主要精力集中在关键的方向与领域。另外,如果不明确企业的营销目标,企业的网络营销工作的方向性也难以把握,企业的网络营销行为会向着未知的方向发展,这无形中增大了企业网络营销以及企业发展的风险。

(二)明确部门职责

网络营销是一项复杂的企业规划,它的完成需要众多部门的通力合作,每个职能部门都要充分发挥自己的作用才能保证整个网络营销工作的顺利进行。网络营销是企业营销战略的一部分,因此网络营销必然涉及企业营销部门;网络营销的基础是网络信息技术,因此网络部门的技术支持也是网络营销正常开展的前提。

一般来说,企业的网络营销由营销管理部门总览全局。因为营销部门对企业的产品、市场、消费群体以及企业内部的情况了解最为深刻,由其对企业营销活动进行整体把握能够保证企业营销发展的基本目标和方向。IT部门(网络部门)主要负责为企业的网络营销工作提供技术支持,比如建立企业网站、开发信息处理工具等,其工作的重要性不言而喻。

在网络营销工作的开展过程中,企业的营销部门和IT部门间配合的默契度直接关系着营销工作的效果,如果二者能够紧密的配合及时沟通,不仅有利于营销部门及时掌握第一手的市场信息和消费者信息,也有利于企业IT部门针对不足改善自己的工作,提高企业网站的质量。

当然在网络营销中还有很多其他的部门需要与营销部门和IT部紧密的配合,比如企业财务部门。网络营销的开展离不开资金的支持,企业的财务部门要根据企业的承受能力和营销规模对营销与开发资金进行合理的预算,并上报决策层进行最终的决定。

(三)管理反馈信息

网络是一种开放性强、互动性强的信息交流平台,这一特点决定了企业可以从网络中获得更多的市场和消费者需求的相关信息,这些信息是企业营销决策和工作改进的依据,企业要设专人对这些信息进行管理。通常来说,在网络营销中企业收到的反馈信息都是通过顾客发给企业的 E-mail 获得的。对大企业来说,一个 E-mail 地址很可能承担不了企业信息收集和反馈的全部职责,因为大企业由于市场广、顾客资源丰富,收到的反馈意见比较多,如果没有专人对其进行分门别类的管理,企业在使用者写信息时不仅会浪费大量的人力和物力,还很有可能因为信息管理的不专业性造成信息分析准确性的下降。

反馈信息中有一部分内容是顾客提出的各类问题,企业有关部门对这些问题应尽可能快且详细地给予答复,让顾客查询企业的常见问题解答(Frequently Asked Questions,FAO)。对一些不能立即答复的问题,企业应回复提问者。

(四)树立企业网络形象

第一,企业要根据企业的情况设立专门的网上信息监督人员,并赋予他关闭有害信息的权力,同时确保网上不会出现过时的信息及与企业宗旨、目标相违背的信息。

第二,要告诫企业所有职员,在参加网上讨论或给新闻组、邮件清单发送信息时要明确自己的身份,如果一些观点不能与公司的宗旨、目标保持一致,应指明这些观点是自己的看法,不代表公司的看法。

第三,要保证授权代理商和母公司网络形象的一致性。如果是母公司对代理商提供支持服务,在母公司和网页上应特意申明,并确定使用多大的空间来实现这种支持服务。

(五)选择网络服务商

企业选择网络服务商应遵循的第一个准则就是听取当前其他顾客的参考意见。第二个准则就是自己亲自了解,如访问该公司的主页及其顾客的主页,获取公司工作质量和功能的第一手材料。评估和比较网络服务商时应考虑的因素包括提供的服务、站点特性、费用、设备及性能、网络服务商的业务背景。

第五章　企业网络市场营销的工具和方法

企业网络市场营销是建立在网站的基础上,因此企业想要获得良好的销售业绩,获得更多的收益,就需要对网站的基础进行推广。然后在此基础上,再通过一定的网络营销工具和方法进行营销活动。通常,企业常用的网络营销工具盒方法包括有搜索引擎营销、E-mail 营销和博客与社区营销等。

第一节　企业网站的推广

一、企业网站推广的原则

作为现代企业应潜心研究网络技术、开发专业产品,为客户提供一体化、系列化的服务,针对网络的发展情况,结合客户网站的特点,推出立体的网站推广服务。我们将网站推广分为两个部分:一是商业推广;二是技术推广。无论是技术推广还是商业推广都应具备一定的推广原则。

(一)网站的商业推广

1. 经济性

网站推广要实现效果的最大化,企业必须从客户的角度出发,按照客户的思想来进行推广,对多方面的信息都进行权衡和比较,力图能够以最少的花费,获得最好的效果。

2. 有效性

应当明确的是,商业网站对网站进行推广的行为,实际上并不是简单地增加网站的访问量,而是要对针对网站的目标客户,进行有针对性的访问,提高网站访问的效率。

3. 延续性

企业对网站的推广是一项长期性的工作,因此要针对该项特点,对网站的推广进行长期的规划,确保网站推广的持续开展。由于网站的推广本身就是阶段性的工作,因此推广的延续性在一定程度上也确保了网站推广的完整性。

(二)网站的技术推广

1. 定位

几乎所有的网站,其开设的目的就是盈利,因此网站建立之初,最先要做的工作就是确定目标市场,找到网站的定位,明确适合自身的盈利模式,只有这样才能降低网站开设的风险,增加网站的盈利。

2. 服务

网站想要获得盈利,就必须要让客户接受网站所宣传的信息,以此网站就必须要做好相关的推广、内容和服务等方面的工作。在此过程中,企业还要注意自身网站的独特性,以此达到吸引顾客的目的。

3. 团队

企业网站在确定适合自身的目标,明确盈利模式之后,就要考虑构建团队的问题。企业在建设一个高效的网站运营团队的过程中,必须要考虑团队需要的人数,及员工所应具有的能力和素质,保证团队的质量。

4. 创新

企业在设立网站并能够持续稳定运营之后,为了保证网站内容的新鲜性,保证网站的吸引力,网站就应该及时进行创新,保证网站在该领域的竞争力,确保自身的独特性。

5.发展

网站在长期运营的期间内,如果能够获得大多数人的认可,那么就应该在保证当前运营水平的基础上,考虑网站的发展问题。由于自身的条件有限,因此在网站建设之初,网站的规模通常都是依据自身的能力来建设的。网站在成果运营一段时间之后,已经获得了客户的认可,在这时就应该对网站进行适度的发展,以此来满足客户不断变化的需求,始终走在该领域的前端。

6.运营稳定

企业在网站运营中需要注意的一个关键问题是,网站一定要具有很好的稳定性,如果顾客在浏览的过程中,发现网站多次都不能正常打开,那么网站建设中所进行的所有工作都会白费,也会失去这部分顾客。

二、推广企业网站的方法研究

(一)搜索引擎注册

通常,人们要通过互联网查找有用的信息,第一选择就是搜索引擎。因此,如果企业在某个或多个著名的搜索引擎上进行注册,就可以提高自己的曝光率,更方便地使目标用户找到本企业的相关信息并进入本企业的网站。同时,要想使企业网站的被访问率提高,还要想方设法地使本企业的网址排列在搜索结果页的前面或醒目之处,因为排名靠前的点击率和排名靠后的点击率往往是千差万别的。

(二)使用传统的促销媒介

我国传统的媒体主要有,电视、广播、报纸、杂志、印刷品和户外广告等,企业网站在推广的过程中,通常会选择其中的一种或是多种来为企业进行宣传,如果能够成功运用,那么就会为企业网站带来不错的宣传效果。

1. 报纸、杂志

当前,网站宣传采用最多的传统方式之一就是报纸和杂志。报纸的市场覆盖范围广,广告主可以通过报纸以很低的成本触及各种地方或区域市场。杂志是接触特定读者群体很有用的媒体,它的性质决定了它必须有独到的内容才能满足特定读者的需要,所以选择在哪种杂志做广告时,广告主有必要了解这种杂志的独特受众群体。例如,《计算机世界》、《互联网络周刊》等一些全国著名的IT报刊,都是企业建设网站和宣传网址的首选媒体。

2. 广播、电视

广播、电视在传统媒体方面拥有最多的受众。广播的受众明确,能通过特别的节目到达特定类型的听众,在地方范围内,广播的接受程度很高,广播并没有被想象为一个强迫性的刺激物,因此电台和广播员传递的信息更容易被接受并保存。电视一般被看作是传播广告信息最有效的方法,因为它的到达面非常广,而且电视画面和声音可以产生强烈的冲击力,这一性质导致了一定程度的消费者的参与。因此网站广告宣传通常都会选用该种宣传方式。

3. 户外广告

近年来,随着人们对户外追求持续走高,户外广告业务也迅速发展。户外广告是指设置在露天里没有遮盖的各种广告,如路牌、灯箱、气球、霓虹灯等。户外广告在设计上独具特色,能使消费者产生新奇感,吸引消费者的注意,便于吸引人的注意和记忆,且户外广告设计简洁,易为各个阶层的消费者接受。所以很多的公司企业都选择户外广告这种传统的方式来对自身进行宣传。

4. 公司印刷品

企业在长期的生产经营活动中,必定会用到大量的信封、信笺、名片和礼品包装等,如果企业在这些媒介上都打印上自身企业的网址,那么企业的客户在记住员工名称和职位的同时,也会看到该企业的网址,这样就可以为企业网站起到免费宣传的作用。

(三)发布网络广告

在目前所存在的广告形式中,网络广告可谓是一副新面孔。不管是什么国家、什么地区,还是什么样的企业,都对这种全新的广告形式爱不释手。原因是:网络广告具有区别于其他广告形式(电视、报纸、广播、杂志等各种媒体性广告形式)的与众不同的一系列特点,如实时性、交互性、传播范围大、无时间地域限制、受众数量可准确统计、受众群体特征明显、针对性强、迅捷性、形式多样、易检索性、可重复性等。发布网络广告可起到如下作用:

(1)目标营销。由于互联网可以针对非常特定的群体做广告,目标市场明确,营销指向性强,所以它的浪费很小。

(2)信息修整。在精确的目标选择结果下,信息可以完全针对与目标受众的特定需要和愿望来设计,目标到达率和接受率会大幅提高。

(3)交互能力。网络的双向互动性大大提高了消费者的参与度。站点的访问者已经对浏览公司或产品具有了足够的兴趣。

(4)信息传递。一旦用户访问网站,它们可以获得大量有关产品说明设计、购买信息之类的信息资源,而新的信息的提供速度几乎是即时的。

(5)销售潜力。因为网络广告是一种反应直接的媒介,它不仅可以直接将广告信息展露给受众,还可以通过受众对广告信息的反应了解受众对广告内容的态度。因此它能促成销售的能力大幅增加。

(6)创造力。设计恰如其分的网站可以带来重复性的访问,公司同样可以从中获益,就像从它的产品和服务中获益一样。广告牌和网站可以频繁的修改以刺激消费者的兴趣和需要。

(7)市场潜力。互联网正在飞速增长。当个人和家庭对电脑的依赖性不断增大,以及人们对网络的兴趣和注意越来越多的时候,网络广告的市场的潜力同样也在增长。

(四)利用 BBS 论坛进行宣传

互联网的出现为网络用户的交流沟通提供了无数可能,企业与企业之间、用户与企业之间、用户与用户之间可以采用多种不同的方式进行沟通,其中就包含了 BBS 论坛这种最常见的形式。论坛又称讨论组,指的是一些有共同兴趣的人们聚集在一起,通过网络参与讨论并且进行在线交流的方式。论坛的管理者对讨论的任何内容都有保留或删除的权力,同时,论坛的参与者也可以变换不同的身份,引起人们对其话题的注意力或产生一定的影响。

当一个企业网站达到了一定规模,即拥有了大量、固定的客户群之后,便可以在这些客户群之间建立一个 BBS 讨论组。要想用户参与其中,该讨论组必须具有足够的吸引力,例如:组织一些与企业产品相关的活动;或者,企业也可以在自己建立的讨论组中注册一个个人账户并登录,与客户之间进行讨论,适当地宣传、推广本企业的网站,但切记不能太明显,以免引起怀疑、适得其反。

(五)发送 E-mail

当前,随着电子信息技术的不断发展,E-mail 已经成为企业最为常用一种网络服务。企业可以通过为用户发送 E-mail 的形式,向客户宣传自身的产品或服务,这样就可以为企业网站起到良好的宣传效果。

需要提起注意的是,企业选择 E-mail 作为网站宣传的方式,一定要站在顾客的角度,以顾客的思想进行考虑,避免多次为顾客发送 E-mail 引起用户对站点的反感。

(六)与其他网站互换链接

所谓互换链接又叫友情链接、互惠链接等,指的是多个企业分别在自己的网站上展示对方网站的名称、LOGO 以及超级链接,这样访问一个网站的用户就可以从中发现其他的合作网站,以此达到互相推广的效果。

互换链接的方式充分利用了企业之间的互补优势,将几个网站简单地联合起来。企业可以与一些著名的或相关的网站之间建立互换链接,已达到缩短网页之间距离的目的,并提高本企业网站被访问的概率。互换链接主要包含以下几个方面的作用:①获得访问量;②增加用户浏览网页时的印象;③提高网站在搜索引擎排名中的优势;④增加企业网站的可信度;等等。

此外,在建立互换链接时,还应注意以下几点。

1. 互换链接并不是越多越好

有的时候,一些不相干的网站也会发送交换链接的请求信件给本企业,不要盲目接受。因为并不是互换链接的数量越多越好,一些无关或低水平的网站链接不仅对自己的网站无法起到正面的效果,而且还会降低那些高质量网站以及访问者对本网站的信任度。他们会认为本网站不够专业或素质低下,进而对本网站的声誉造成严重的不好影响。

2. 适当对友情链接伙伴的网站进行回访,定期排查无效链接

互换链接建立之后,一般就稳定下来不再变化,但还是需要不时地进行测试或检查,即对合作网站的友情链接进行回访,看各个链接的运行是否正常。每个企业网站几乎都存在或多或少的无效链接,即使本企业网站内部的链接都很正常,但不能保证互换链接连到外部时也同样正常。因为有些友情链接的网站可能本身不太稳定,也可能经过改版、URL 指向转移或关闭等多种原因,导致原来的路径无效。而交换链接一般就被放在网站的首页上,位置较明显,错误链接或无效链接的存在会直接对本网站的质量产生较大的负面影响。访问者并不在乎无效链接是什么原因,在他们看来,不管是什么问题都是本网站的问题,至于是什么原因与自己无关。所以,网站的管理人员应该每隔一定周期对企业网站内的所有链接进行全面、系统性的检查和排除。

在回访的过程中,一旦发现对方的链接出现遗漏或者其他情

况,应立即与对方取得联系进行协调。如果某些链接无法打开,且在一定时期内仍然不能恢复,则可以考虑暂时取消这些网站的链接,之后等待对方的主动联系。

第二节 搜索引擎营销

一、搜索引擎对网络营销的价值

在网络营销中搜索引擎的作用主要表现在六个方面:网站推广、网上市场调研、产品促销、网站优化的检测工具、抵御性策略、网络品牌。

(一)搜索引擎对网站推广的价值

为用户发现网站信息并为网站创造机会是进行网站推广的一个重要目的。在通讯、网络、传媒快速发展的情况下,人们获取信息的渠道已经越来越多,其中搜索引擎是其中最重要的一个渠道。即,在网站的推广过程中,引擎是最有用的工具之一。当前,对于一个企业网站来说,在全部的访问量中,通过搜索引擎自然检索获得的访问量已经达到了60%,甚至是80%。一般,网站都会采用自然检索与付费搜索引擎关键词广告相结合的方式,取得了良好的成绩。需要注意的是,并不是所有的网站的搜索引擎都会为其带来庞大的访问量,正是因为如此,搜索引擎对网站的推广价值与网站建设的专业性的关系非常大。有些网站已经发布了很多年,以公司名称作为关键词也不能通过搜索引擎检索到网站信息,这样自然就无法通过搜索引擎达到推广网站的目的,本书用较多的篇幅研究企业网站问题的原因也正在于此。

(二)搜索引擎对网上市场调研的价值

随着互联网技术的不断发展及其电脑和智能手机的普及,搜索引擎已经成为一个重要的市场调研工具,通过搜索引擎,用户几乎可以获得其想要的全部信息。对于企业来说,其可以通过搜索引擎工具,迅速了解竞争者近期动态,对竞争者的产品、市场反馈和市场网络等信息都能快速获得。企业在通过搜索引擎工具获得初步的信息之后,还要找到专门的网站进行深入的分析和跟踪,这样企业就可以对当前的市场竞争做出较为科学、准确的判断,以此来制定企业下一步的经营策略。

(三)搜索引擎对产品促销的作用

由于每种产品都具有自身独特的特点,因此企业应该针对产品的特殊性,在不同的季节开展促销活动。企业在网站中,不仅要充分体现出产品推广的意识,同时还要科学、合理地利用搜索引擎的方式来实现产品的促销。用户在通过引擎进行搜索时,有时会使用"产品名称"或是"品牌名+产品名称"等关键词来进行搜索,这时就表明他们对该产品已经产生了购买意向,也就进一步说明了搜索引擎对产品已经产生了不错的营销效果。当前,用户在购买产品之前,尤其是一些高价值的产品,如汽车、房屋等,通过互联网的搜索引擎获得初步的产品信息已经成为一个普遍现象。通过搜索引擎的方式对产品进行促销,其不仅对网上销售具有积极意义,对于网下销售意义同样重大。

(四)搜索引擎对网络品牌的价值

实现搜索引擎营销的品牌价值是一个综合活动。在企业的总资产中,品牌已经成为其中的一项重要的无形资产。从营销的角度来看,企业网络营销活动综合体现为企业的网络品牌,如企业域名选择的合理性、企业网站建设的专业性、网站的各种网络推广活动等。在网络品牌建设过程中,不能忽视搜索引擎的作用。主要搜索引擎应该收录(即增加网站的搜索引擎可见度)企业的网站信息,提高被用户发现的几率,这样才有助于提高企业的品牌形象,同时还可以起到宣传的作用。

二、搜索引擎营销的主要模式

(一)搜索引擎登录和排名

通常,网上所设置的搜索引擎方式,其登录都较为简便,在上面都会有提示,只要按照提示来进行操作即可。一般说来,搜索引擎中需要的内容主要有:网址(URL)、网站的名称、网站描述、关键词、联系人信息等。如果搜索引擎需要人工审核才能收录网站,管理员就会对用户所提交的信息进行全面的审核,在对网站进行访问之后,确定所提交内容的真实性,以及用户所选择的类别是否合理,在确定没有问题之后再决定是否要收录该网站。搜索引擎在被成功收录之后,需要经过一定的时间才能显示出来,这个时间通常是几天到几个星期,然后在进行数据库更新时才能显现出来。

需要注意的是,如果网站在提交时还没有完成建设,或是因质量原因被拒绝登陆,那么要想过一段时间再次提交就必须进行改进。

(二)搜索引擎优化

搜索引擎优化(Search Engine Optimization,SEO)指的是,为了适应搜索引擎的计算法则,网站工作人员要提高自己的网站的设计质量,通常是会利用 Google 等技术型搜索引擎进行推广,其具体做法是通过一些已经被搜索引擎登录网站的链接,能够让搜索引擎自动找到自己的网站,而不用搜索引擎自己再次登陆。

应当明确的是,以蜘蛛(或称机器手)检索为标志的技术型搜索引擎取得了成功,其与分类目录型搜索引擎相比,要难得多,在此过程中企业要注意对引擎进行设计优化,因为网站最后是否会被录用,以及在搜索引擎中所排列的位置,与网站的质量之间有着密切的关系。

在使用搜索引擎的过程中,信息是在搜索引擎的左边出现还是在右边出现,其产生的营销效果有很大的区别。一般来说,在使用 Google 搜索中,其搜索结果左侧的前十名内的点击率是右侧广告信息的 50 倍以上,而通过 Google 左侧排名,推广的效果是右侧广告的 50 倍以上。从上述中我们就可以看出,对搜索引擎进行优化的营销效果要比搜索引擎广告好得多。

(三)关键词广告

当前,关键词广告已经成为收费搜索引擎营销的一项主要模式,并且也是发展最快的一项营销模式。与一般网络广告相比,关键词广告的主要不同点是,关键词广告出现的位置是可以进行变动的。此外,关键词广告与搜索引擎不同的是,出现在搜索结果列表最前面大多是付费关键词,但是这一部分也有的出现在搜索引擎结果页面的专用位置。

对于一家企业来说,其在通过网站进行营销的过程中,最为希望的是还没有被挖掘的客户可以通过一定的形式,在最短的时间内找到该公司的网站,在这种情况下,最为重要的就是这些客户所使用的关键词能够被企业正确预测到。用户在对产品或是服务进行搜索时,其最为常用的关键词就是产品或服务的名称,或是行业名称等,因此网络营销建设的关键点就是要满足客户的这些搜索条件。从上述中我们就可以看出,关键词对于一家企业的网络营销的成功与否起着重要的作用。

三、搜索引擎营销的效果分析

(一)影响搜索引擎营销效果的因素

搜索引擎营销效果是由多种综合因素的影响决定的,如搜索引擎优化取决于网站结构、网站内容、网页格式和网页布局、网站链接等多种因素,而搜索引擎关键词广告的效果受关键词选择、关键词价格制定、广告内容设计水平、广告着陆页的内容相关性、行业竞争状况等因素的影响。因此,从这些难以穷尽的因素中找出影响搜索引擎营销效果的主导因素是比较困难的。

搜索引擎营销的基本出发点是以让网站获得在搜索引擎中出现的几率。当用户在网页上面浏览并发现企业网站的相关信息时,用户就可以进一步点击到相关的网页,从而获得更多与产品相关的信息,这样就可以起到向用户传播营销信息的目的。从上述描述中我们可以总结出,搜索引擎营销效果的影响因素可以从三个角度来研究:被搜索引擎收录和检索到的机会、企业网站建设的专业性、被用户发现并点击的情况。每个方面会有具体的不同的因素在发挥作用。

在前面的搜索引擎优化的内容中,我们说过一些可以增强搜索引擎效果的方法,下面将影响搜索引擎营销的相关因素进行归纳,以便进一步加深对搜索引擎营销基本思想的理解,并在实践应用中参考。

1. 网站设计的专业性

网站是企业进行搜索引擎营销的基础,而网站上面的信息就是用户检索获取信息的最终来源。因此,企业网站的设计是否专业,能否充分体现出对搜索引擎和用户的良好关注,对企业最终取得良好的营销效果具有关键性的作用。从本质上来说,搜索引擎优化与网络营销导向网站建设是一回事,两者不仅指导思想一致,而且很多具体工作内容也是一样的。

2. 搜索结果对用户的吸引力

企业在使用搜索引擎营销时,需要注意的一点是,如果只是在一些主要的搜索引擎上进行登陆,并不能为企业带来预期的营销效果。产生这种情况的原因是,用户在使用搜索引擎之后,最终搜索出来的信息有上千条,乃至更多,因此大多数被搜索来的信息都会被企业所直接忽略。即使在搜索结果中,排在前面的链接也并不一定会受到用户的青睐,被用户打开。在这种情况下,搜索结果的索引信息是否能够对用户产生足够的吸引力就显得极为重要。为了解决这一问题,企业就应该在网站涉及上下足功夫,全面对网站设计进行优化。对搜索引擎广告也是同样的道理,如果关键词广告设计难以吸引用户注意,或者广告信息出现的位置不够理想,也很难取得明显的效果。因此,搜索引擎营销不应该只是关注搜索引擎本身,同时也要注重对使用的客户的喜好进行全面的研究。

3. 网站被搜索引擎收录和检索的机会

企业所建设的网站,如果在所有的搜索引擎中都无法被搜索到,那么企业就无法通过该种形式获得更多的客户,网站的建设实际上也就成为一个无用的摆设。因此,我们应当明确的是,企业的网站之所以能够被搜索引擎所搜索到,这并不是偶然的,而是多种方法共同运作后的结果。例如,常用的搜索引擎登录、搜索引擎优化、关键词广告等,同时还要及时对搜索引擎进行优化设计,以便可以提高企业网站在搜索引擎中的排名。应当明确的是,企业进行的搜索引擎营销所针对的是所有的搜索引擎,因此企业应该针对那些常用的搜索引擎制定出专门的搜索引擎策略,这样才能够最大限度地增加用户看到的机会,扩展潜在客户。

(二)搜索引擎营销效果的评估方式

增加点击率和将访问量转化为收益是企业使用搜索引擎营销的两个重要目的,其中还包含获得良好的营销效果,即网站访问量和投资收益。目前并没有非常完善的、被广泛采用的搜索引擎营销效果评估体系,因此事实上并不容易做到对搜索引擎营销效果的准确评估。网络营销人员采用多种不同的方式进行评估,主要评价指标包括搜索引擎带来的网站访问量指标,以及用户转化、投资收益率等。

WebTrends是美国的一家专业网站流量统计分析网站,iProspect(http://www.iprospect.com)是一家专业搜索引擎营销服务公司,它们曾经联合发布了一项调查说明,即在美国大约有41%的企业在使用搜索引擎的方式进行营销。其中的一些企业主要是依据网站的点击率和网站流量指标,来对搜索引擎的营销效果进行评价,而只有11%的企业是采用详细的ROI指标分析来对搜索引擎的营销效果进行评价的。这两家公司的调查结果,如表 5-1、表 5-2 所示。

表 5-1　美国企业营销人员评估搜索引擎活动的方法

评估方法	百分比
监测点击率和总流量	41%
监测访问转化情况	16%
详细的 ROI 分析	11%
没有任何评估	31%

表 5-2　美国企业营销人员使用付费搜索引擎活动的状况

付费搜索引擎营销应用	百分比
正在进行评估	35%
营销组合中的重要部分	23%
营销组合中的很小部分	18%
没有使用 SEM	23%

在这两家公司的调查中,其调查的对象主要是来自这两家公司所召开会议的人员,共有 800 人。在调查中发现,对搜索引擎营销的效果表示肯定,并且正在对其实际应用进行评估的人占 35%,认为搜索引擎营销是营销组合的一项重要组成部分的占到 23%,而剩余的 23% 的人则从来没有使用过搜索引擎营销。

需要注意的是,在对网络营销的效果进行评价时,不能只是单纯的依据网络营销和网站的访问量来进行评价,应该站在全局的角度进行考虑。这是因为,所有网络营销活动的开展都会带来一系列的效果,如可以带动网下销售和提升网络品牌形象长期效果等。因此,应全面评价网络营销的效果。

第三节 E-mail 营销

一、企业开展 E-mail 营销的基础条件

并不是所有的企业都可以凭自己的意愿开展 E-mail 营销,其必须要满足三个基本条件才可以。

(1)营销内容:企业开展 E-mail 营销的基本前提就是,必须要保证内容的有效性。具备该条件的原因是,企业想要为顾客传递的营销信息是通过邮件的方式来实现的,因此只有邮件的内容对于用户来说是有用的,才会引起用户的注意,进而购买产品。

(2)技术基础:技术是实现网络营销的基础,企业开展 E-mail 营销,指的是企业在技术操作上,可以支持用户的加入、退出邮件列表等操作方式,并且还可以对用户的资料进行有序的管理,确保企业邮件的发送效果和跟踪功能等都可以顺利实现。

(3)地址资源:E-mail 营销想要顺利发挥作用,就必须要在用户资源加入邮件列表的前提下,获得一定数量的用户 E-mail 地址资源。

企业只有在全部具备上述几种基本条件之后,才能顺利开展 E-mail 营销,E-mail 营销的优势也才能在此时真正显现出来。

对于邮件的外部列表来说,技术平台是由专业服务商所提供,因此,E-mail 营销的基础也就相应的只有 2 个,即潜在用户的 E-mail 地址资源的选择和 E-mail 营销的内容设计。当前,利用内部列表来开展 E-mail 营销已经成为企业进行 E-mail 营销的一种主流方式,也是我们在以后需要重点研究的问题。

(一)邮件列表的技术基础

企业开展 E-mail 营销所面临的邮件列表问题中,其最基本的条件是要保证企业可以顺利为用户发送邮件,而在此过程中,还要能够全面保证用户加入、退出以及发送邮件、管理用户地址等基本功能的

顺利实现,如果邮件列表的这些功能都已经具备了,那么就可以将该系统称为"邮件列表发行平台"。发行平台是邮件列表营销的技术基础,其基本内容包括建立和(或)选择邮件列表发行平台。

经营自己的邮件列表,企业可以选择建立自己的邮件列表发行系统,也可以根据自身的实际情况聘请专业的服务商提供的邮件列表来完成发行平台服务。通常,企业都会选择与专业邮件列表服务商合作,采用专业的邮件列表发行服务。这是因为,无论是从技术上还是从功能上说,企业自行开发的邮件列表程序都要比那些专业的邮件列表服务商略逊一筹;此外,从适应程度上来说,专业邮件列表服务商很快就可以投入使用,这就大大减少了自行开发所耗费的时间。

对于企业来说,如果用户的数量庞大,那么自行发送邮件行为就会对企业的系统提出很高的要求,并且在此过程中,如果在同一时间发送大量的邮件,很有可能被其他的定制邮件服务商看作垃圾邮件,从而对邮件进行屏蔽,在这种情况下,专业邮件列表服务就可以凸显出它自身的优势。对于一些性质较为特殊的企业,其为了对自身客户的信息进行保密,因此通常会选择使用自己的邮件系统来对用户发送邮件。在国外,一些企业如果其邮件列表较大,那么它们通常会选择与第三方的专业发行平台进行合作。

专业邮件列表发行平台,指的是一种专业的邮件列表发行和管理程序。在该种平台上,有时可能会存在上千个,甚至是更多的邮件列表用户。当前,第三方邮件列表发行系统还存在很多不完善的地方,因此企业在选择邮件列表发行服务商时,一定要慎重。此外,企业在选择邮件列表发行服务商时,还要了解其是否可以无缝移植用户资料,以确保在更换发行商时不会导致用户的资料泄密。

(二)E-mail 地址资源的获取

获得尽可能多的 E-mail 地址是内部列表 E-mail 营销所面临的另一个重要问题,即企业要尽可能多的吸引用户加入进来。在企业的整个 E-mail 活动中，E-mail 地址的积累始终贯穿其中，是企业开展E-mail营销活动中的一项重要内容。需要注意的是，企业在获取用户 E-mail 地址的过程中，一定要注意对用户的个人信息进行保密，这样有助于吸引更多的用户加入进来，增强邮件列表的总体有效性。

网站的推广效果与邮件列表订户数量之间有着非常密切的关系，这是因为在企业的邮件列表中，网站访问者是其中的一个重要组成部分。一般来说，通过网站上的"订阅"框自愿加入，是用户加入邮件列表的最主要渠道，用户可能成为邮件列表用户的前提条件是先来到网站，如果每天访问企业网站的人数很少，那么该企业的邮件列表将很难继续经营下去，因此，这就需要企业长期对用户资源进行坚持不懈的积累。需要注意的是，在对企业网站进行经营的过程中，不能只是单纯的等待用户出于自身的意愿加入，企业自身还可以主动采取一定的措施吸引用户的注意和加入。这些措施主要包括以下内容：①充分利用网站的推广功能；②合理挖掘现有用户的资源；③提供部分奖励措施；④可以向朋友、同行推荐；⑤其他网站或邮件列表的推荐；⑥为邮件列表提供多订阅渠道；⑦请求邮件列表服务商的推荐。

（三）邮件列表的内容策略

当企业满足了上述两项基本条件之后，就可以对用户发送邮件了。对于那些已经被加入到邮件列表的用户来说，接收邮件是E-mail 营销能否对其产生作用的开始。在这期间，用户最为关注的是邮件的内容对于他们自身是否具有价值，而邮件列表中所需要的技术平台和列表中用户数量的多少则是企业营销人员应该关心的事。在这种情况下，如果邮件中的内容对于用户来说没有价值，或是用户根本不对邮件的内容进行阅读，长此以往，即使用户已经加入了用户列表，用户也会最终退出，只是时间的早晚而已。这种结果显然不是企业营销人员所希望的。

实际上，邮件列表的内容无论是选题、内容编辑、版式设计、配图(如果需要的话),还是样刊校对等环节,其都与纸质杂志没有任何区别,唯一的不同点只是不需要印刷和运输,在前面的几项工作全部完成之后,才能对用户进行发行。需要注意的是,对于电子刊物来说,尤其是免费电子刊物,其与纸质刊物还有一最大的区别就是,电子刊物还兼具有向读者进行营销的作用,而该功能又要通过电子刊物的内容策划才能最终体现出来。

在上述 E-mail 营销所需要的三个基础条件中,对营销效果可以产生最直接影响的条件是邮件内容,其影响效果也是最大的。这是因为,邮件中内容所涉及的范围最广,并且还具有很大的灵活性,企业营销人员最常要面对的问题就是邮件的内容设计,这就使得营销人员要面临巨大的压力,邮件的内容策略所涉及的范围最广,灵活性最大。邮件内容设计是营销人员要经常面对的问题,因为如果邮件的内容质量不高,不能对用户产生吸引力,那么即使企业拥有最好的邮件列表技术平台,那么企业也就不能通过 E-mail 营销方式获得良好的营销效果。

二、E-mail 营销的效果评价

与其他的营销方式相比,E-mail 营销的一个重要优点就是可以对其营销效果进行量化评价。企业在进行 E-mail 营销活动中,可以通过对一些指标的监控和分析,就可以对 E-mail 营销的营销效果进行评价,同时还可以发现该种营销方式的缺陷,从而可以及时找到相应的解决方法,从而对 E-mail 不断进行完善。

(一)E-mail 营销效果评价指标

对 E-mail 营销效果进行评级是对企业进行网络营销活动的一种总结,同时也是企业实行 E-mail 营销活动中的一项重要内容。对于企业来说,其无论是采用专业 E-mail 营销服务商的服务,还是采用内部列表的形式来开展 E-mail 营销,无论是将其作为企业整个网络营销系统的一个重要组成部分,还是作为单独的一项网络营销方案来进行,都需要用一定的指标来评价其效果,因为企业都希望投入的营销资源可以获得"看得见"的效果。

在实践中,企业经常会采用送达率、开信率、回应率、转化率等评价指标来对 E-mail 营销效果进行评价。需要注意的是,对 E-mail 效果进行评价的指标虽然有很多,但是却没有建设出一个较为完善的评价体系,也没有企业公认的一种测量方法。但考虑到某些指标可以在一定程度上反映出 E-mail 营销的效果,这里将有关的指标罗列出来,以供参考。按照 Email 营销的过程将这些指标分为四类,每一类中有一个或者若干个指标,这四类指标的具体内容,如表 5-3 所示。

表 5-3　E-mail 营销的效果评价指标

评价指标	具体内容
获取用户资源阶段评价指标	有效用户总数、用户增长率、用户退出率
邮件信息传递评价指标	送达率、退信率
用户对信息接收过程评价指标	开信率、阅读率、删除率
用户回应评价指标	直接带来的收益、点击率、转化率、转信率

虽然,与 E-mail 营销相关的评价指标虽然远比这 12 项要多,但在实际操作中,如果想对 E-mail 营销效果进行准确的评价还是存在一定困难的。例如,企业常用的一种评价指标就是电子邮件回应率,但是在其他形式的网络营销中,其效果评价通常也会运用这一指标。需要注意的是,电子邮件回应率虽然可以在一定程度上反映出 E-mail 营销的效果,但是企业发送的 E-mail 还具有与客户保持联系,反映企业产品或服务的作用,因此,如果客户并没有对邮件点击,也并不能说明该邮件不会为企业带来新的客户或是购买需求。此外,E-mail 营销还有助于提高顾客对企业的忠诚度,以保证企业可以维护正常的客户群体。

从上述描述中我们可以看出,如果企业想对 E-mail 营销效果进行正确的评价,最好能采用综合的方式,即不仅使用量化的评价指标,而且还要对该种营销方式所产生的潜在价值进行关注。例如,对 E-mail 营销效果的评价最好采用综合的方法,既要对可以量化的指标进行评价,又要关注 E-mail 营销所具有的潜在价值,如加强企业与客户的联系、增强企业竞争力等方面的价值等。

(二)E-mail 营销的有效性分析

在进行 E-mail 营销时,企业评价营销活动的效果方法是,企业通过对一些指标对其进行监控和分析,并在营销活动中发现问题,从而对营销活动进行一定的控制。

内部列表营销的有效性主要表现在:获得更多的用户加入列表;信息送达率高,尽可能减少退信;稳定的后台技术保证;邮件内容获得认可,有较高的阅读率;邮件格式获得用户认可;保持营销资源稳定增加;赢得用户的信任并提高回应率;在企业品牌、顾客关系、顾客服务、产品推广、市场调研等方面发挥作用。外部列表营销的有效性主要表现在:企业发送的邮件可以被更多的人收取;反应率指标达到或高于行业平均水平;提高企业的直接收益,使之大于企业投入的费用,获得最大的利润。

通过 E-mail 营销企业将最新的产品信息送达消费者,是企业与客户沟通的一种重要方式,可以使客户了解企业的文化和企业最新的发展动态,保证企业与客户之间的有效沟通。企业在进行 E-mail 营销的过程中,必须要保证有一个专业技术平台的支持,要尽量多地获得用户的电子邮件地址,并且还要及时对邮件列表的内容进行丰富和更新,使邮件列表能够真正传达顾客想要知道的信息,以此来吸引更多用户的加入。

三、E-mail 营销与客户体验管理

企业最重要的资源是客户,无论营销手段如何都应该是为客户服务的。同时客户关系管理的出现也为网络营销时代的企业营销提供了新的思路,通过 E-mail 营销与客户关系管理,企业能够更好地获得用户的支持。

(一)E-mail 营销过程中用户体验管理

尽管 E-mail 营销具有很多其他营销方式无法比拟的优势,但

是有许多不可避免的问题在实际运用中也经常发生。消费者购买决策的过程主要分为三个阶段,即购买前、购买中、购买后,通过对这三个阶段消费者不同心理活动进行分析,就可以把握消费者的用户体验。在实际的购买活动中,实际上"购买前"阶段是用户体验的集中所在,因此通过对该阶段用户的心理活动和行为进行分析,基本上就可以对消费者的整个购买过程的用户体验进行分析。在对其分析的过程中,还可以将其分为"信息接收""信息识别""跟踪信息"三个阶段,来把握 E-mail 营销过程中用户体验容易产生的一些问题。

1. 信息接收阶段

在 E-mail 营销过程中,用户体验 E-mail 营销的首先环节是收到企业发出的邮件广告。直接影响用户对商家及其产品和服务的第一印象的是用户在接收广告邮件过程中是否出于自愿。用户在商业网站进行账号注册时,如果注册成功的要素是正确填写邮箱地址,那么就很有可能会对用户体验产生严重的负面影响。需要注意的是,该种负面影响并不是不可以避免的,企业可以采取一定的营销技巧,如将"邮箱必填"作为验证用户信息、保护账号安全等的必备条件、密码丢失找回等方式,就可以有效化解因必须填写邮箱所带来的负面影响。

2. 信息识别阶段

在信息识别阶段,电子邮件广告的来源是用户首先要识别的,作出判断的主要依据是邮件的主题和发送地址。在该阶段中,如果出现邮件主题不明确,内容格式混乱、发送地址被隐藏或是邮件的内容无法引起读者的兴趣等情况,那么其就会对用户体验产生极为不利的影响。用户可能会将这些邮件当作垃圾邮件直接删除,导致企业 E-mail 营销的失败。

3. 跟踪信息阶段

用户在接收邮件信息、识别邮件信息之后,其对 E-mail 营销的体验就转到邮件的内容上面。如果邮件的广告内容缺少针对性、信息内容不全、不能全面满足用户的需求、邮件不能按照用户的方式来进行定制等情况,那么这些较深层次的用户体验就将会面临全面的失败,企业 E-mail 营销方式不仅不能获得预期的营销效果,并且前面所做的努力将会付诸东流。

(二)E-mail 营销应注意的问题

1. 把握与客户的亲密度

把握好与客户的亲密度在个性化营销过程中有着至关重要的作用。尤其是在进行 E-mail 这种亲情式营销时,就必须要对客户本人的信息有一定程度的了解,这样才可以达到人性化的目的。但需要注意的是,对用户信息的了解必须要适度,否则很有可能会让用户产生隐私被侵犯的感觉。这样不仅不能获得 E-mail 的营销效果,甚至会引起用户的反感,降低企业的形象,不利于企业的持续发展壮大。

2. 把握营销工作强度

企业采用 E-mail 营销已经获得了很多用户的认可,这是因为 E-mail 具有便捷性和无较强时间性限制的优点。但需要注意的是,企业在利用 E-mail 对顾客进行营销时,一定要注意营销工作的强度,不能认为顾客忠诚于自身就无节制的顾客发送邮件,要知道,只有顾客需要的才是其乐于接受的,这样才能为企业带来最佳的 E-mail 营销的营销效果。

3. 建立持续的个性化营销

80/20 原理告诉我们,20%的客户创造了企业 80%利益或收入。客户忠诚理论认为:

(1)吸引一个新客户的销售费用是保持一个老客户的营销费用的五倍。

(2)只要客户流失率降低 5%,企业利润就会增长 25%~85%(具体增长率视行业而定)。

(3)企业 60%的新客户来自现有客户的推荐。

(4)客户忠诚度下降5%,企业利润则下降25%。

(5)现有客户的购买几率是50%,而一个新客户购买产品的几率仅有15%。

(6)客户忠诚度是企业利润的主要来源。

企业已经明确20%的忠诚客户的重要性,就更应该尽量维持这种客户关系。

企业要想获得客户的忠诚,就要在企业树立起一种客户至上的文化理念,全心全意地为客户着想,尽量满足客户的所有需求。定期和老客户联系,像朋友一样对客户的生活和事业给予一定的关注,长期保持一种较为密切的关系。在通过CRM对客户进行准确信息分析的基础上,就像一个老朋友一样,关心客户的事业和生活,保持一种较为密切的长期关系。需要注意的是,要有计划地与顾客进行联系,不可贸然访问,采用E-mail可以避免到访和电话等营销方式为客户带来的不便。

第四节 博客与社区营销

一、博客营销

(一)博客营销的含义和实质

博客营销就是利用网络博客进行的营销。博客指的是一种公开的网络日记,在博客中,使用者可以阅读别人所记载的网络日记,同时也可以自己编写。因此通过博客,人们可以实现个人思想、观点和知识的共享。从这个角度上来看,博客具有自主性、知识性与共享性的特点,而博客所具有的这些性质就决定了博客营销成为一种基于思想、体验等表现形式的个人知识资源,并且成为一种高效的网络信息传递形式。

博客营销的本质是一种公关行为,即通过原创专业化内容进行知识分享争夺话语权,建立起信任权威,形成个人品牌进而影响读者的思维和购买。

企业能够对某一领域的知识进行有效掌握、分析和利用,这是企业开展博客营销的前提条件,然后企业再通过对该领域知识的传播,最终达到其营销的目的。由此可见,博客营销就是企业利用博客这种网络应用形式进行营销的一种网络营销方式。其具体运行方式是,企业或者个人在博客中发布、更新企业或是个人的相关概况及信息,然后对平台上读者对企业或是个人的相关问题或是咨询及时给予回复及关注,然后再通过较强的博客平台帮助企业或公司零成本获得搜索引擎的较前排位,从而最终实现对其宣传和营销的目的。

(二)博客营销的常见形式

1. 企业网站博客频道模式

企业网站博客频道模式是企业博客营销的主流方式,企业在内部建立起博客频道之后,就可以鼓励写作能力较高的员工在博客上发表文章,这样就可以在增加网站访问量的同时,吸引到更多潜在客户的注意,从而达到营销的目的。此外,通过该种方式还可以提高员工对自身品牌的认识,加强员工与领导之间的交流,丰富企业的知识资源,起到推广产品品牌的目的。

2. 博客广告

与前述的几种模式的不同之处在于,博客广告是一种付费的网络广告形式。博客广告是将博客网站作为一种网络广告媒体,通过在博客网站投放广告的形式来引起用户的关注。博客广告目前较多为技术含量高、用户需要获取多方面信息才能做出购买决策的行业所采用,如IT产品、汽车和房地产业等。

3. 个人独立博客网站模式

企业博客的运行,在很大程度上要依靠员工的个人知识,因此员工不仅可以在企业网站博客频道或是第三方平台发布博客文章,还可以以个人名义用独立博客网站的方式发布博客文章,这在实际生活中也很普遍。当前,免费个人博客程序的推行也促进了个人博客网站的发展,因此,如果员工有能力维护博客网站,那么其个人网站也可以成为企业进行博客营销的一项重要组成部分。这种模式的优点是可以更加充分地发挥积极性,展示更多个性化的内容,并且有助于推广;但缺点是,由于该种形式无论是对个人的知识水平,还是对自我管理的能力要求都很高,因此这为企业统一管理博客带来了很多的不便之处。

4. 博客营销外包模式

博客营销外包模式,是指企业将博客营销外包给其他机构来操作,采用由第三方专业机构/人员提供的服务,其可以被认为是网络公关的一种形式。该种方式具有多方面的优点,如不需要维护投入、管理的简便性、投入少、影响力大等优点。其缺点也是没有企业员工的参与,难以全面反映优秀的企业文化和经营思想,不利于通过博客与顾客实现深入沟通;同时,企业员工对博客的关注程度也会降低,用户的可信度会有所下降等。

5. 第三方 BSP 公共平台模式

第三方 BSP 公共平台模式,是指企业利用博客托管服务商(BSP)提供的第三方博客平台,以此来发布博客文章,从而达到推广和营销的目的,这是一种较为简便的博客营销方式,通常在企业开始使用博客营销时候会采用该种方式。其优点是操作简单,不需要维护成本;缺点是用户群体成分比较复杂,若企业非知名大企业,如果在博客文章中过多介绍本企业的信息往往不会受到用户的关注,实际上,第三方 BSP 公共平台模式,所提供的博客服务经常被个人作为交流的工具,这就限制了企业对博客的应用。

6. 建立在第三方博客企业博客平台的博客营销模式

该种形式的博客营销同样是建立在第三方企业博客平台之上的,这与上述模式是相同的,但不同的是,该种企业博客平台,是专门针对企业博客需求特点来设计的,其所提供的是专业化的博客托管服务。在该营销模式中,所有的企业都可以拥有自己独立的管理权限,据此可以对企业内部员工博客的权限进行管理,使得各个员工的博客之间形成一个相互关联的博客群,这样就可以互相进行推广,以体现出群体的强大优势。

二、社区营销

(一)网络社区的含义及形式

网络社区是网络社交的重要组成部分,主要包括电子公告板(BBS)论坛、贴吧、公告栏、交友、个人空间、群组讨论、在线聊天、无线增值服务等形式在内的网上交流空间。通常,同一主题的网络社区中会吸引并集中一部分有共同兴趣的访问者。

网络社区有以下几种主要形式。

1. 电子公告板/论坛

电子公告板/论坛是虚拟网络社区的主要形式,通过电子公告板,大量的信息交流就可以顺利实现,会员可以通过张贴信息或是回复问题的形式实现彼此间的交流沟通。

2. 聊天室

在线会员通过网络社区可以实现及时的交流,对于一些有共同话题的网友则可以进入专门的聊天室进行更为深入的交流,交换彼此的意见和看法。

3. 讨论组

如果一些网友对一个或多个共同的话题感兴趣,需要进行共同交流,那么这时通过电子邮件讨论组进行沟通将会是一个正确的选择,不仅有利于网友们进行讨论,同时还有利于大社区中专业小组的形成。

上述几种网络社区中,论坛和聊天室是最具有代表性的,在企业网络营销中起着十分重要的作用。通过网络社区,可以促进营销者与访问者或客户之间保持密切的关系,同时对促进企业营销也发挥了重要的作用。

(二)网络社区的营销策略

1.禁止直接发广告

很多社区都很反感广告,并且对广告帖也制定了一些专门的限制条件,因此直接发广告的帖子通常都会被直接删除,不利于网络营销的开展。

2.恰当使用头像和签名

企业在进行社区营销的过程中,应该设计一个专门的头像,这有利于自身品牌的宣传。对于签名,企业可以加入自己网站的介绍和链接等宣传内容。

3.发帖的质量要求排在首位

在网络社区中发帖的关键是要更多的人关注自己,进而宣传自己的企业网站,将网络营销的信息传递出去。如果一味地追求发帖的数量,而不能为自己的帖子增加更多有益于用户的内容,那么最终就会导致没有实质收获的大量精力的耗费,得不偿失。

4.适当宣传造势

例如,在论坛上,有时候为了帖子的气氛、人气,营销者也可以适当地找助手协助,也可以自己注册两个账号对帖子"托一把",为自身宣传的产品造势。

(三)新时期网络社区营销的发展

1.进行资源整合

企业在建立网络社区和进行营销推广时,应该考虑以下三方面的问题。

(1)确定用户

网络社区的成员一般是拥有共同爱好的或有共同关心的话题的群体,因此企业可以根据自身产品和市场定位的不同,确定哪些网络社区是具有潜力的、恰当的目标客户。

(2)合理使用人力

网络社区的维护需要大量人力来进行,尤其是对于公开社区来说,有产生负面舆论的风险,在这种情况发生时,就需要有人员来进行专门的维护。并且,市场需要有人员来跟踪,服务部门也需要支持,这样就对企业的人力资源提出了更高的要求。

(3)整合数据库,包括线上和线下

对于那些规模较大的企业来说,其在对用户的数据库进行整合时,不仅要考虑技术支持的问题,同时还要考虑各个部门之间的协调问题。企业数据库的整合是一项重要的工作,是为整体销售服务的,因此要格外重视。

2.定位传播受众,扩大传播范围

在企业在采用网络社区营销之前,首先应该明确其所针对的主要消费群体,具体来主要有两种。

(1)潜在顾客,对该消费群体的培养所针对的并不是企业的某一特定产品,而是要培养他们对品牌的认识,提高他们对品牌的忠诚度。

(2)已经购买的用户再次消费,该种客户已经使用了企业的产品,并有了一定程度的认可,因此其再次购买本企业产品的几率很大。

第五节　微信营销

一、微信营销的产生与发展前景

微信营销简单来说就是一种营销模式,主要通过微信的方式来宣传自己的产品,进行营销活动。微信不存在距离的限制,用户注册微信后,可与周围同样注册的"朋友"形成一种联系。用户订阅自己所需信息,商家则通过提供用户需要的信息,推广自己产品的点对点营销方式。微信营销基于微信这个平台,通过这个平台向用户推广企业产品及公司品牌的一种现代营销模式。

(一)微信营销的产生

随着 3G 和 4G 网络、WiFi、智能手机的普及,人类步入了移动互联网时代。由腾讯公司研发的微信在 2011 年上线,目前用户已突破 6 个亿,微信以迅雷不及掩耳之势迅速垄断以智能手机为主的智能移动终端屏幕,可以发现,身边大多数使用智能手机的人,基本都在使用微信。微信具有超强的实用性,已深入人们生活的各个方面,微信的一大特色是微信公众平台的开放,公众平台让微信营销形成体系,逐渐成为整个移动互联网乃至物联网的入口。除了公众平台,从微信的界面上来看,朋友圈、微信群、点对点交流也满足了微信营销的应用。微信登上了中国互联网舞台,水到渠成地成为营销界的新宠,更成为诸多企业试图以此来开发更大营销平台的工具。微信营销的产生,使得各种企业目标消费者都聚集在微信上,微信的营销价值将无法估量。

(二)微信营销的发展前景

1. 物联网时代微信营销

物联网时代的到来,意味着用户足不出户、通过手机接入物联网便可以订购商品、进行买卖活动。微信移动支付功能的实现,更加促进了互联网时代人们生活的便捷需求。微信将成为人、物之间互动的工具。企业可以通过微信平台完成用户使用产品的调研、获知有价值的用户信息改善或开发用户最满意的产品。

2. 微信营销国际化

在 2013 年的移动通讯软件与中国互联网全球机会研讨会中,与会专家表示,微信是中国互联网第一款世界级产品,有望成为继 Google、Twitter、Facebook、YouTube 和维基百科之后的第六大全球互联网平台。微信的出现使得中国互联网产品具备知名度。因互联网产品本土化原因,中国产品经常无法适应国际市场,比如中国制造的应用软件和游戏通常走向世界的数量非常少。而近年来,中国社交媒体平台的快速发展,不断变得国际化,有望塑造全球社交媒体的未来。

微信在东南亚支持印尼语、马来文、泰文、越南文等多种文字,可在安卓、苹果、微软、塞班等多种移动平台下载安装。微信营销使得中国人有可能通过微信认识泰国等东南亚国家的产品,拓宽企业的营销渠道。此外,微信在欧美市场也获得新的发展,虽与美国流行的WhatsAPP很像,但也存在着自己的商业模式与机会。

3. 营销渠道日趋多样化

(1)LBS+开拓企业销售的新渠道

LBS+具有"查找附近的人"的功能,这个功能具有非常广阔的群众交流基础,可以很好地挖掘潜在客户群,微信的兴起可以极大地开拓企业销售新渠道。LBS的发展,使用户在点击"查看附近的人"后,每当周围有微信用户时就可以搜寻到这些用户。在显示的用户信息中,除了会有用户姓名等基本信息外,更具有用户签名档等不同内容。所以这个功能往往会被企业开发出来,从而可以当成他们的免费广告位。在人流量最多的地方,企业或营销人员会24小时开微信,从而完成其宣传。当周围的人看到这个微信之后,一传十、十传百,在人数的聚集效应下,就会产生巨大的广告效果。这就意味着,微信用户的不断提升,使用这种功能的人数不断提高,这种功能会产生一种新的"黄金广告位",企业完全可以通过这种方式完成企业的前期宣传活动。每当节假日的时候,企业或营销人员往往又可以通过这个媒介来发布节假日优惠活动信息,从而将企业更快的推向广大群众,使整个企业的受众面更广。

(2)O2O+二维码

O2O+"二维码扫描"功能,是近几年新兴的功能,随着微信的发展,它也逐渐作为企业线上和线下服务的枢纽而存在,在一定情况下,可以极大地推动产品以病毒式的传播方式进行传播,这种用途在商业上的应用也日益广泛，所以微信自然而然就在大众普遍的需求下实现了对此更深层次的应用。2011年微信推出了3.5版本，这是一个全新的版本，尽管其他部分功能仅仅是做了一定的优化，但它加入了一个非常重要的功能——二维码的功能。这个功能的应用极大地方便了用户通过扫描二维码名片来完成微信好友的拓展。微信的社交特征与二维码本身固有的便捷性在融合后具有非常广泛现实的作用。微信用户可以充分享受互联网带来的方便和优惠，这在一定程度上可以帮助用户通过扫描二维码身份来添加好友，甚至也可以通过此方法来关注企业账号。企业设定了自己的品牌二维码后不仅可以提高企业形象，而且可以通过打折和减免价格来展开O2O营销模式。

(3)微信公众平台+"朋友圈"新功能

微信作为一种新兴的社交软件，同样具有非常强大的人际交流网络功能，称之为"朋友圈"功能，这个功能不仅可以帮助同学、同事或者几个陌生人之间的人际交流和信息互换外，而且可以帮助企业完成一种全新的交际关系链，进而建立起一种全新的企业口碑宣传方式。可以说，"朋友圈"新功能的研发，使得微信的私密交际能力完全被激活，成为一种分享式的口碑营销，并且为企业的销售提供了非常简洁便利的渠道。此外，这种新形式的产生随着微信公众平台功能的不断健全，可以使营销渠道更加准确。这一公众平台的特点往往在于手机订阅账号，所有信息可以直接送达用户的手机桌面，这种新的形式在技术支持下更好地实现了企业对用户的点对点精准营销。随着4.0版本中"朋友圈"分享功能的拓展后，微信用户完全可以通过将PC客户端、手机应用、网站中的精彩内容通过分享功能来与朋友圈中的人一起分享，这在一定程度上为企业的宣传提供了一种全新方式。

4.潜在用户群庞大

微信不仅支持文字、图片、表情符号的传达，还支持语音发送消息。如果觉得打字麻烦，那么就可以直接发布语音信息。每个人都可以在微信平台上进行文字、图片、语音的全方位交流互动。

在这种情况下,微信营销必然会得到蓬勃发展,成为社会商务模式的主流,吸引着很多潜在用户群。

二、微信营销的主要优势与原则

(一)微信营销的主要优势

1. 用户年轻化

微信群体的总特点就是年轻化,2010年后,随着智能手机的流行和推广,微信才慢慢融入我们的生活,而年轻群体正是接受能力最强最快的一代,对新奇事物具有不可抵抗力。在无形中成为微信的用户。

2. 点对点精准营销

由于微信带有定位功能庞大的客户群,再加上智能手机的普及,使得企业可以将自己的产品信息及时发送到客户手中,轻松地实现点对点的精准化营销。

3. 微信营销的高效性

如今智能手机具有很多功能,相当于微型电脑且携带方便,用户可以随时随地接收到企业产品信息,同时也给微信营销带来极大便利。

4. 百分之百的到达率

在移动互联网时代,网络技术的进步,带动了一系列产品、技术的产生。微信也不再完全依附于PC客户端,一部手机、一个账号,就可以随时扫描二维码,关注任何感兴趣的微站,由于微信营销是一对一的营销,这样企业发的每条信息都能完好无损地到达客户手中。

5. 高互动性

微信作为社交软件中的一种,它极高的交互式媒体是其他网络媒介所不具备的优势,特别是微通道的公共平台。用户可以同企业像朋友一样进行沟通互动。同时它可以获取更加真实的客户群，博客、微博粉丝中真正的粉丝少之又少，大多数是无关粉丝，并不能真正为你带来利益，但微信的用户一定是真实的、有价值的、可以为你创造利益的。

（二）微信营销的基本原则

1. 采取针对性的总体方案

企业利用微信营销必然要有总方针和针对性，然后按照这个方针和目标制定相应的措施去实现这个目标。

2. 学会取长补短并加以应用

企业利用微信营销一定要注意取长补短，学会借鉴别人的方式、经验，来改善自身企业微信营销。

3. 懂得知己知彼

企业在做微信营销时，一定要清楚微信的各类属性及其作用"比如查找周围的人、LBS、摇一摇、二维码、朋友圈的功能等，只有把这些属性及运用记住，才能更好地去做微信营销。

4. 掌握了解粉丝最终的需要

对于企业来讲，如果你的粉丝需要你提供服务，这时企业就要通过微信实现随时随地的与客户对话，让企业微信成为与客户即时沟通的工具，为客户提供满意的服务，成为客户咨询应答平台。

5. 克服自以为是的心态

不要以为自己的产品就是最好，要明白别人凭什么非得买你的东西，你的东西究竟能给客户带来什么好处，是否能比其他公司的东西更好地满足顾客需求等。

6. 牢记欲速则不达

企业在进行微信营销时，要淡化营销气息，防止引起用户反感。同时，要坚持对粉丝的维护，企业只有持续的投入并且执行，才能在实战中积累经验,从而最终获得成功。

三、企业微信营销存在的主要问题和策略分析

(一)企业微信营销存在的主要问题

由于微信现在正处于初级阶段,界面设置和功能的发展虽然逐步完善,但是还没有完全满足用户的需求,在用户的应用上,软件自身上都存在一定的缺陷,都需要进一步的完善,微信现阶段主要存在以下问题。

(1)微信的安全问题。由于微信现在处于起步阶段,在网络社区里的人都形形色色,存在一定的安全问题,并且微信没有安全监督中心,很多方面的存在安全漏洞,由于微信营销没有一个安全的支付平台和法律保障体系,在微信过程中产生的交易存在一定的风险性和安全隐患,所以为了保证交易的安全,应该引进第三方支付或与银行合作等,比如引进财付通,确认交易环境的安全性。

(2)病毒信息传播失控。随着微信被越来越多的客户认可,用户数量爆炸性增加。各类媒体、自媒体纷纷进驻微信,致使微信面临的系统性风险越来越大,这对微信的监管是极其不利的。各类媒体、自媒体在微信上野蛮成长,使得微信的媒体属性和社交属性越来越不平衡。如何把握好公众账号和"自媒体"的关系,让公众账号在舆论认知少走弯路,这也是值得探讨的话题。同时,微信是一个灵活的平台,想要在这个平台上组建一个团队不是不可能的事情,而这很可能形成公众事件传播的又一崭新领域,最终的效用是否也会陷入失控境地却不得而知,毕竟传播没有界限。

(3)微信产生信息的真实性没法识别,不能确定信息的有效性,这样就造成用户可能上当受骗,由于微信没有明确的信息监管中心,造成信息的不确定性和虚假性,容易引起用户的怀疑和质疑,所以应该设置相应信息安全中心,来监督信息的安全和真

实性。

(4)粉丝互动感知度低,推送信息阅读率低。微信点对点传播无疑是它的优势,但相对微博而言,却也缺少了微博粉丝间可以相互沟通交流的特点,沟通线路的单一性决定粉丝的回应只有企业账号能看到,无法与更多的网友和自己的朋友去分享观点,而人多数企业账号的回复又是迟缓和生硬的,这些迟缓生硬的回复是代替不了粉丝之间互动交流的,所以微信的粉丝活跃度明显低于微博。

微信平台推送信息打开率低。众多的微信公众平台持续"孜孜不倦"地推送各式各样的图文信息到用户的手机中,就像打开电子邮箱,瞬间被各类广告垃圾邮件塞满,即使有那么些有价值的信息,读者也无心阅读,从而导致推送消息打开率低。

(5)微信营销受地域限制,不能很好地广泛传播,由于微信传播主要借助微信的定位系统,这就限制了微信营销的区域性,所以为了更好地服务用户,可以开发出相应的企业版本和商家版本进行营销,这样可以更好更准的进行营销。

(6)企业不重视微信营销,营销有效性还在探索。微信营销作为一个新事物,国内许多企业还保持一种观望的态度。他们并不是不重视这种新兴的营销手段,而是只愿意在这种营销手段得到验证之后才决定是否使用这种手段。有些企业即使想进行战略性的营销安排,也因为对开展营销的方法技巧并不了解,而走了许多弯路。

微信以一对一的信息传递开始,以用户的购买为桥梁,消费者的转介绍为目标,提升用户的体验为宗旨。这个传递的过程构成了微信营销的价值链条。由于缺乏成套推销手段的微信,企业推广时往往使用的是传统的推销手段,对这种传统推销手段早已厌烦的用户而言,很容易使他们产生一种抵制心理,这种换汤不换药的营销手段也是制约微信营销长久发展的因素之一,如要更加高效地在微信中进行企业产品推广,还需要企业自身更多的探索。

(7)微信的发展速度太快,软件自身还存在缺陷,比如在塞班系统中添加好友多会出现卡的现象,这样就对电子商务的微信营销产生了影响,错失了一些顾客群体,并且微信本身对于系统平台有很多时候会出现故障,这样基础实施都不稳定,开展起电子商务营销有很大的苦难,所以应该优化软件,以用户为群体创造出更好的更精准的软件和功能。

(二)企业微信营销的主要策略

1. 营销策略的互动性

在传统营销模式中,一般消费者只是被动接受,没有互动性,而微信营销打破了这一现状,如何发挥其优势来进行营销是成功的关键。微信上的客户,希望自己不再是微博那种只有单方关注,而是希望能够直接与企业沟通。这就是微信营销的核心,如果企业能赢得客户的信任,那么客户购买产品也就不在话下了。例如去哪网,不仅有强大的网站支持,还将去哪网的酒店机票门票业务与微信平台相连,用户只要动动手就可以得到旅游攻略、酒店入住等。

2. 营销策略的个性化

微信的一个特点就是精准性营销,信息传递速度快、扩散快,这是其他营销方式不能媲美的。就目前企业微信营销来看,很多都没有发现微信真正的营销价值,只是把微信当作发布广告的平台,由于内容不创新,粉丝流失很严重,收效甚微。要想留住老客户,开发新客户,企业就要做好推送广告的内容,使内容新颖、有活力,同时要明确自己微信营销的目的,据此制定营销策略必能事半功倍。

3. 客户信息的维护与培养

(1)微信客服的可亲和性

微信营销具有互动性,客户和企业随时交流,要求企业的客服有良好的可亲性,在和客户交谈时要有耐心,为客户逐一解答,并为客户提一些建设性意见,如果态度不好,就可能导致客户心情不佳甚至反感从而流失客户。这些不好的现象被放在网上，会对企业形象产生极大的负面影响。

(2)适度性的推送信息频率

每日推送一定不能过多，不能超过3条，甚至1条就够，这些实际上是起到提醒的作用，告诉信友，你的存在。此外，由于大部分用户都是用手机浏览，在消费者获取内容方面，图文要适度适量，导语的存在，便于快速阅读，为客户节约时间和流量。

(3)可读性的信息推送

亲和力的语言风格和独具个人特色的对话内容使得微信推送的消息具有极高的可读性。微信用户需要的不是死板、僵硬的语言，而是快乐的阅读，演讲必须有亲和力，必须能够通俗易懂。虽然微信可以把用户种类分开，但是了解用户，是一个双向的沟通结果。发布消息的频率不要太高、太复杂，也尽量不要产生外链到复杂的网站或发送大量的视频，这可能会导致用户取消关注。同时，千篇一律的对话内容会产生审美疲劳，基于微信的推送机制，每条消息都需要用户去"处理"，而且关于每一个关注都是很"私密"的决定。

(4)对客户管理系统进行科学的管理

简单的信息推送、获取客户并不能称之为微信营销，在通过提供客户需要的信息时，实现推广自己产品点对点的精准营销方式，这也就意味着科学合理的客户管理系统是企业所必备的，按照用户的需求分组，并有针对性地向目标客户推送信息，除此之外，还要有长远的眼光看待客户群，客户的数量随时都有可能大量增加，企业的客户管理系统需要及时更新和完善。

(5)微信的系统安全措施需进一步完善

任何营销模式要想取得成功，都必须取得客户信任，但如今微信的安全隐患使得很多客户不敢冒险购买产品，所以要想获得客户的信任，就必须解决安全隐患。微信官方要及时更新，对举报的客户要及时处理，排查一切可疑用户，另外企业也要做好防护措施，同时用户自己一定不要轻易泄露自己的信息。

第六章 企业网络市场营销策略分析

营销是企业经营和运作的重要内容,企业应该怎样结合自身的实际情况制定恰当的营销策略,是企业实现经营价值和利润的一项重要工作。企业在市场营销中,经常会使用到的营销策略主要包括产品策略、价格策略、广告策略、渠道策略、服务策略和促销策略等。

第一节 网络营销产品策略

一、网络营销产品的层次分析

(一)核心产品层次

核心产品(Core product)是向顾客提供的产品的基本效用或利益。核心产品是顾客真正想要购买的东西,因而也是顾客最关心的。顾客购买某种产品,不是为了获得或占有产品本身,而是为了获得能满足某种需要的利益或效用。所有的网络营销都离不开以顾客为中心的原则,因此,企业不管是开发还是设计一个产品,其核心利益就是要从顾客的角度出发,同时在制定计划时还要依据前一次的营销效果进行判断和参考。此外,全球性的网络营销,还要求企业要针对全球性的市场人群提供产品的核心利益和服务。

(二)有形产品层次

有形产品(Tangible product)是指核心产品借以实现的形式

或目标市场对某一需求的特定满足形式。因为核心产品只是一个抽象的概念,产品设计者必须把它转化为具体形式的产品。有形产品由五个特征所构成,即品质、式样、特征、商标及包装。由于产品的基本效用必须通过特定形式才能实现,因而市场营销人员在着眼于对顾客能产生核心利益的基础上,还应努力寻求更加完善的外在形式以满足顾客的需要。对于有形产品,要注意以下几点:①注重品牌;②保障品质;③注意包装;④特征和式样的加工,要符合不同地区的文化。

(三)延伸产品层次

延伸产品(Augmented product)指的是,为了帮助消费者更好地享受自己的权力、使用产品的核心利益和服务,由产品的经营者或生产者提供的购买需求。它包括顾客购买形式产品和期望产品时所提供的产品说明书、保证、安装、维修、送货、技术培训等。

(四)期望产品层次

期望产品(Expected product)是指顾客在购买产品时期望得到的与产品密切相关的一整套属性和条件。在网络营销中,每个消费者的需求并不完全一致,为了满足不同消费者对产品的不同要求,企业有必要根据他们的爱好,开发和设计具有不同特征的产品,以满足这种个性化的需求。消费者在进行购买之前,这种对产品的质量、特点以及是否方便等方面的相对期望值,就是所谓的期望产品。

(五)潜在产品层次

潜在产品(Potential product)是指由企业提供的、能够满足部分顾客的潜在需求的产品,它现有产品在未来的可能演变趋势和前景。潜在产品是延伸产品之外的一种增值服务,但与延伸产品有一个主要的区别:即使缺少潜在产品层次,顾客依然能够正常地使用企业产品的核心利益和服务。

二、网络营销产品的策略分析

(一)网络营销的产品策略

1. 延伸到网上市场的传统产品

互联网的出现对传统的销售环境产生了深远的影响。作为有效的通信媒介,互联网可以用来实现商业团体的营销、广告、订货和顾客服务等功能,从而使企业在各个方面都减少了对传统媒介的依赖。这些营销、支付和客户服务等方面的改变,以及新的结算程序的产生,都极大地影响了传统产品市场。

2. 专门定位于网上的产品

除了传统商品延伸到网上销售外,互联网的出现也促进了专门定位于网上产品的产生。专门定位于网上的产品通常不以实物的形式存在。这类产品包括各种在线报刊、音乐、教育等可检索数据库及专门的知识和意见以及各种虚拟社区的虚拟商品等。

(二)网络销售产品的市场选择分析

1. 节约交易成本

目前,企业参与电子商务活动,主要就是为了更有效率地处理和降低交易成本。一个产品从开始生产直到经营销售的一系列过程中,涉及许多环节,其中有些环节是可以避免或者精简的。因此,企业应对这些处理过程进行详细的分析,尤其是销售过程,进而找出能节约成本的方法和策略。

2. 发展迅速

在电子商务中,根据市场潜在利润的大小,企业进行网络销售的热情也会随之变化,当然还与其他一些因素有关。一般情况下,在电子商务市场中的一个产品,其发展速度主要由以下两个因素决定:①买方的成熟度;②当期交易的无效率程度。买方的成熟度,即指的是消费者确定某一具体产品的能力或对某一产品差别化的理解能力大小等。

3. 市场优势

对企业而言,要想知道一个市场战略对消费者是否有效,要从该产品的品牌知名度和企业的市场优势入手。如果企业没有足够的品牌知名度和市场优势,那么可借助一些专业网站开辟自己的电子商务市场,进而扩大本企业的销售范围。

三、网络营销新产品的开发

(一)新产品策略

新问世的产品策略即开发一个市场上全新的产品。该策略一般适用于创新型公司。在互联网时代,市场瞬息万变,消费者的需求、消费心理和消费行为随环境不断变化。企业研制和开发新产品时,要善于把握这些变化的特点,提出全新的产品构思和服务概念,并以此设计产品和服务,这样推向市场才能获得成功。

(二)新产品线策略

该策略是企业首次进入现有市场的新产品策略,指的是公司在现有品牌的基础上开发出一种全新类型的新品牌。

(三)现有产品线外新增加的产品策略

现有产品线延伸的优势在于利用了现有品牌,节省了导入和开发新品牌的高昂成本。该策略的风险是,如果现有客户相信产品线延伸失败的话,则现有品牌可能被蚕食,而且现有客户基础或品牌资产也可能随之被侵蚀。

(四)现有产品的更新策略

现有产品的更新策略是指在现有产品的基础上,改善产品的功能或提供有较大感知价值的产品,以替换现有的产品。

第二节 网络营销价格策略

一、影响网络营销定价的因素

(一)基本因素

1. 产品的总成本

成本是以货币形式表现的产品生产与销售的费用支出,是反映企业消耗水平的综合性指标。对有形产品而言,产品成本是产品定价的基础。

2. 市场需求

市场需求评估,是指公司根据消费者所能接受的价格变动范围,以确定最佳的产品价位及其销售量的关系。在买方市场条件下,市场需求是企业尤其需要考虑的定价因素。

3. 竞争对手的价格策略

当市场中同类产品的竞争比较激烈时,企业对竞争者的行为十分敏感,对手的定价策略是影响企业定价的重要因素。为了能够有效争夺市场,有时企业甚至可以不考虑产品或服务的成本而制定更有竞争力的价格。

(二)其他因素

除了上述三项基本因素外,企业还要结合自身情况考虑到其他内、外部因素对定价的影响。如企业在不同的发展阶段会有不同的业务侧重点及影响战略,会导致有不同的价格策略。

二、网络营销定价策略

（一）免费定价策略

免费定价策略是以零价格的方式向客户提供产品或服务，分为"完全免费"与"部分免费"方式。在线下营销中，免费策略一般是作为短期的、临时性和偶尔使用的促销手段。但在网络上，特别是在消费品大众市场上，免费策略往往是一种长期的、常用的和战略性的营销方式。

消费者的需求是一切营销活动的出发点，产品或服务实行免费后必须能够有针对性地激发目标客户的需求，促使销售量大量增长，或者能创造足够大的用户规模以保障增值服务可以带来持续性的收入和回报。

在网上能够长期免费的产品，往往具有数字化和低复制成本的特点，即产品一经开发成功，便只需要简单的复制过程就能生产出无限制的复制品，边际成本甚至低至零；加之依靠互联网推广，其营销成本也很低，使其总成本增长有限。所以，企业要考虑当免费价格吸引了大量用户、销售量大涨之后，企业的边际成本与总成本是否会随之大幅增长，最终能否保证企业盈利。

应用免费策略的企业往往是急于占领市场的新企业或新产品。在实行免费价格的初期、未收到市场回报之前，产品肯定是亏本的，所以企业要有足够的资金储备以维持一段时间内的经济亏损。

（二）拍卖竞价策略

当前电子商务中，发展比较快的领域就是网上拍卖。有关经济学家认为：拍卖竞价是促使市场形成最合理价格的最有效的方式。这类策略是由消费者自身通过互联网轮流公开竞价，在规定时间内价高者赢得。

根据供需关系，网上拍卖竞价方式有：第一，竞价拍卖；第二，竞价拍买,是竞价拍卖的反向过程,消费者提出一个价格范围,求购某一商品,由商家出价,出价可以是公开的或隐蔽的,消费者将与出价最低或最接近的商家成交;第三,集体议价。

网络团购属于"集体议价"方式,即由多个买主组成一个消费团体统一向卖家出价。

(三)低价定价策略

现代市场营销倾向于以各种策略来消减消费者对价格的敏感度,避免恶性价格竞争,但价格仍然是影响消费者购买的重要因素。

1. 直接低价

直接低价即采用成本导向定价法,以收回产品或服务成本为目标,直接将产品价格定得低于同行,以赢得买方的青睐。

2. 折扣低价

这种策略是指在原标价基础上标出一定的折扣优惠。这种方式能造成一种对比的效果,使顾客对降价幅度一目了然,从而刺激其购买欲望。

3. 促销折扣

这是为推广产品采用的临时促销策略。常见的方式有:有奖销售、附带赠品等。

(四)捆绑定价策略

捆绑定价是将不同的产品组合在一起,以一个价格出售,即销售的是产品组合而不是单个产品,捆绑价格一般小于单品价格之和。当企业生产的系列产品存在需求和成本的内在关联性时,为了充分发挥这种内在关联性的积极效应,需要采用捆绑定价策略。网络上常见的方式有:第一,同质的混合产品组合;第二,互补式产品组合。

(五)特殊定价策略

特殊定价策略是指对稀有产品采取特殊的价格,不必考虑其他竞争者,只要按卖家自己最满意的价格制定即可。

这种定价策略适合于某些纪念物或者具有特殊收藏价值的商品。

第三节 网络营销广告策略

一、网络广告的计划

(一)网络广告的目标

广告目标指引着广告的方向,只有明确了网络广告活动的总体目标之后,广告策划者才能决定网络广告的内容、形式、创意,甚至包括网站的选择、广告对象的确定。

1. 建立品牌认知或偏好

这类广告对销售的影响是间接的,重点在于强调产品情感和功能利益,测量其成功的指标是广告在提高顾客对品牌的认知、回忆和偏好上的影响。

2. 促使顾客及时购买

这类广告重点放在价格优惠和促销活动上,如优惠券、抽奖和赠品等,其成功用销售量的提高来测量。

3. 刺激客户交互行为

促使客户参与和企业的互动,其成功的测量指标包括点击率、注册数量和请求信息的数量。

(二)网络广告的目标受众

网络广告的目标受众决定着网络广告的表现形式、广告内容、发布站点的选择,也影响着最终的广告效果。网络广告的目标受众包括企业的现有客户和潜在客户。只有准确地识别出目标受众,才能制定出适合其特征的媒体组合和广告设计,达到最好的传播效果。

(三)确定大众沟通目标及个体沟通目标

Internet可以同时作为大众型媒体和个体型媒体加以利用。因此,一方面,网络营销人员应确定目标受众的主要反应层次,并据此确定大众沟通目标;另一方面,网络营销人员应对来自个体的反应测试结果存档,建立顾客数据库,并确定针对个人的营销沟通目标。由于营销数据库中记录有该顾客迄今为止的认知和行为过程,网络营销人员便可实施个人跟踪性沟通,从而更有效地推进顾客的反应过程。

(四)选择网络广告服务提供商

网络上有许多信息服务商,设置了不同类别的信息网点,企业通过选择信息服务商进入不同的网点。同时由于网上各类信息混杂,网络服务商良莠不齐;因此,如何正确地选择网络服务商,对于企业是否能够成功进行网上广告具有十分重要的意义。

(五)设计网络广告信息

在网络上,强烈清晰的文案比制作复杂的影音文件更能吸引上网者点击。所以,网络广告信息在互联网上发布时应力求简洁,多采用文字信息。

(六)确定网络广告预算

网络广告预算是指在网络营销人员进行网络广告活动之前对广告费用的预算,同时预算网络营销人员能为本次广告活动支付多少费用。制定广告预算时,正确的做法是根据不同市场的差别、品牌定位和竞争对手的策略来制定广告预算,而不是单凭经验事先制定好所谓的经验比例。网络营销中常用的广告预算模式有销售百分比法、竞争对等法和目标任务法等。

二、网络广告的执行

当前期的准备工作完毕之后,企业就要开始实施网络广告计划。

(一)自主创建

企业自己组织一批人,建立网络营销广告部,由他们来进行网络广告的整体策划和网络媒体的购买。这种做法的好处是企业可以控制整个网络营销投放过程,但企业并不是广告方面的专家,自己进行投放会有很多困难,需要雇用相应专业的人员。

(二)建立代理

与专业的广告公司建立代理关系,请他们从专业的角度来帮助企业合理地投放广告。目前,已有很多广告公司建立了自己的互动中心,专门从事网络营销广告的投放。一般这些专属广告公司的互动中心与各个网络媒体和网络服务商之间都有较为密切的联系,能够帮助企业制定传播计划,进行网络广告的创意和网络媒体的选择和购买,并且媒介购买商可以因为购买量大而获得价格上的折扣。

三、网上广告效果评估

(一)网络广告效果评估及其意义

1. 网络广告效果的含义

网络广告效果包含两方面的含义,一,网络广告活动的效果;二,网络广告本身的效果。网络广告效果同传统广告效果一样具有复合性,包括传播效果、经济效果、社会效果。广告的传播效果是广告对受众心理认知、情感和意志的影响程度,是广告的传播功能、经济功能、教育功能、社会功能的集中体现。广告的经济效果是指在投入一定广告费用及广告刊播之后,广告引起的产品销售额、利润、市场占有率等经济指标的变化状况。经济效果集中反映了企业在广告促销活动中的营销业绩,是广告投入与产出的比较,是评价一项广告活动成败的关键指标。广告社会效果是指广告对社会道德、文化教育、伦理、环境的影响。

2. 网络广告效果评估的指标

网络广告效果的评估就是利用一定的指标、方法和技术对网络广告效果进行综合衡量和评定的活动,相应地,网络广告效果的评估也应该包括传播效果评估、经济效果评估和社会效果评估。

(1)传播效果评估指标

网络广告的传播效果即网络广告达到既定目标的程度,就是通常所包括的传播范围和受众的关注程度。广告传播效果评估的指标主要有广告的知晓度、了解度和偏好度等。为了使评估结果科学、有效,对传播效果的评估还要分为事前、事中和事后测定。具体计算公式如下:

广告知晓度=被访者中知道某则广告的人数÷被访者总人数×100%

广告了解度=被访者中对广告宣传的内容有较深入了解的人数÷知晓此则广告的人数×100%

广告偏好度=被访者中对广告的内容有喜好的人数÷了解此则广告的人数×100%

(2)经济效果评估指标

网络广告经济效果评估指标主要有以下6种:

①广告费用占销率。用来测定计划期内广告费用对产品销售量(额)的影响。广告费用占销率越小,表明广告促销效果越好;反之越差。其公式为:

广告费用占销率=[广告费/销售量(额)]×100%

②广告费用增销率。用来测定计划期内广告费用增减对广告商品销售量(额)的影响。广告费用增销率越大,表明广告促销效果越好;反之越差。其公式为:

广告费用增销率＝[销售量（额）增长量/广告费用增长量]×100％

③单位费用促销。用来测定单位广告费用促销商品的数量或金额。单位广告费用促销额（量）越大，表明广告效果越好；反之越差。其公式为：

单位广告费用促销额（量）＝销售额（量）÷广告费用

④单位费用增销。用来测定单位广告费用对商品销售的增益程度。单位广告费用增销量（额）越大，表明广告效果越好；反之则越差。其计算公式为：

单位广告费用增销量（额）＝[报告期销售量（额）－基期销售量（额）]÷广告费用

⑤弹性系数。通过广告费用投入量变动率与销售量（额）变动率之比值来测定广告促销效果。其公式为：

$$E=(\Delta S \div S) \div (\Delta A \div A)$$

其中：

S—销售量（额）；

ΔS—增加广告费用后的销售增加量（额）；

A—广告费用原有支出；

ΔA—增加的广告费支出；

E—弹性系数，即广告效果。

E值越大，表明广告的促销效果越好。

⑥广告效果指数。简称为 AEI（Advertising Effectiveness Index），用于排除广告以外的因素，单纯测定广的销售效果。其公式如下：

$$AEI=1 \div N\{a-(a+c) \times [b \div (b+d)]\} \times 100\%$$

式中：a＝看过广告而购买的人数

b＝未看过广告而购买的人数

c＝看过广告而未购买的人数

d＝未看过广告亦未购买的人数

N＝合计总人数

需要强调的是这一指标运用的前提是同一地区、同一媒体的不同广告或同一产品不同时期的广告效果的比较。

(3)社会效果评估指标

广告不仅仅是宣传商品,推销商品的信息传播手段,同时也是一种文化,一种经济现象,一种艺术创作,一种宣传工具,具有弘扬精神文明,倡导良好社会道德风尚的作用。其主要测定指标有法律规范指标、伦理道德指标和文化艺术指标。

3.网络广告效果评估的意义

网络广告的效果测定是完整的广告活动最后把关的一项内容,是检验网络广告活动成败得失的重要手段。具体来说,网络广告效果测定的意义和作用表现在以下几个方面:

①网络广告效果测定可以检验广告决策是否正确;

②网络广告效果测定可以帮助企业科学总结广告活动的经验与教训,提高广告策划与管理的整体水平;

③帮助企业调整、完善网络广告策略,促进整体营销计划的实现;

④帮助广告公司积累网络广告策划与创作的经验,提高服务水平。

(二)提高网络广告效果的途径

1.确定目标顾客

确定目标顾客的目的是了解企业的产品是面向哪一类顾客,以便因地制宜在适合的网站发表广告。

2.选择合适的广告网站

即使 CPM 价格一样,在人流量不同的网站做广告效果完全不同。高人流量的网站使你获得所需效果的时间大大缩短,从而为企业赢得更多时间。企业也可以尽可能选择收费相对低廉的网站以减少费用的支出,当然投入和所得的收益也是成正比的,具体决策根据企业要达到的目的而定。

3.使广告靠近网站最主要内容

通常综合网站都会有"What's New"或者发布网站自身新闻

的位置,这往往是一个网站中最吸引人的部分,因此广告如果放在这个位置附近会吸引更多人的注意。

4. 重视纯文字的作用

在电子邮件杂志中可以放置纯文字广告,由于纯文字广告通常可以表现 100 字左右的文字内容,而且几乎不影响下载速度,所以措辞得当的纯文字广告甚至可获得高达 12% 的点击率。

5. 广告面积越大越好

广告版面的大小直接影响到受众的注意力程度以及对该广告的喜好程度,即直接影响到广告投放的效果。显而易见,一个大的广告图形更容易吸引用户的注意。当然,不同大小的横幅价格也会不同。

6. 网页上方比下方效果好

统计表明,许多访客不愿意通过拖动滚动条来获取内容,因而放在网页上方和网页下方的广告所能获得的点击率是不同的。放在网页上方的广告点击率通常可达到 3.5%~4%。

7. 勤换图片并适当运用动画图片

研究表明,当同一个图片设置一段时间以后,点击率开始下降。而当更换图片以后,点击率又会增加。所以保持新鲜感是吸引访客的一个好办法。

8. 综合运用各种促销手段

要想使网上广告发挥更大的作用,不能离开传统营业推广的方式和手段。也就是说要考虑网上、网下多种手段、多种方式的立体组合。

(三) 网络广告的效果检测

1. 通过服务器端的访问统计软件随时进行监测

对广告进行分析时,广告主可以使用一些专门的软件(如目前有一种专门用于广告分析的软件 Open ad stream),建立详尽的列表。通过这些列表,广告主可以随时知道在何时、有多少人访问过载有广告的页面,又有多少人通过广告直接链接到广告主自己的网址等。不同的程序有大量不同的显示数据的选项,包括图表。

2.通过查看客户反馈量

一般来说,如果投放的广告受到强烈的反应,反馈量增加得非常快,这就表明广告投放得十分成功;反之,就表明投放的广告不是很成功。广告投放的效果广告主可以通过客户的反馈量和E-mail 在广告投放后是否大量增加来判断。

3.通过专门广告测评机构充当权威监测人

传统媒体广告通常都是通过专业机构的收视率、收听率、发行量等指标来衡量媒体的优劣。而网络广告效果的监测还是一个尚待开发的领域,目前还没有公认的网络广告权威监测机构。我国到直到今日为止还没有专业的网络广告监测机构,这严重制约了网络广告的正常发展。网络广告监测机构还处在发展的起步阶段,相信随着时间的推移,网络广告监测机构会逐步发展和完善。

第四节 网络营销渠道策略

一、网络营销渠道的概念分析

(一)营销渠道的概念

通常,营销渠道是指商品流通渠道,即商品从生产者那里转移到消费者手里所经的通道,包括产品的销售途径与产品的运输和存储。传统的营销渠道,不仅包括消费者和生产者,而且有时还存在许多独立的中间商或带来中间商。

(二)网络营销渠道的概念

网络营销渠道是借助互联网将产品从生产者转移到消费者

的中间环节,它一方面要为消费者提供产品信息,方便消费者进行选择;另一方面,在消费者选择产品后要能完成一手交钱一手交货的交易手续。与传统的营销渠道相比,网络营销渠道的结构要简单得多。

二、网络营销渠道的功能及类型

(一)网络营销渠道的功能

1. 订货功能

在企业的网络订货系统上,发布着本企业的各种产品信息,方便消费者查阅,同时也有利于厂家对消费者的需求信息有一个大致的把握,以达到供求平衡。

2. 结算功能

网上购买商品之后,消费者可以自由地选择多种方式进行付款,而厂家也应相应地有多种结算方式。

3. 物流配送功能

消费者在网上成功购买商品后,商家将产品从产地运送给消费者的实际流程,就是物流。该功能既满足了网购消费者的需求,又保证了企业的盈利。

(二)网络营销渠道的类型

1. 直接营销渠道

这种渠道指的是在网络上直接由商品的生产者将产品销售给顾客的一种方式,一般适用于大宗商品交易和产业市场的 B2B 交易模式。

在网络直销渠道中,生产企业可以单独建立一个电子商务网站,为消费者提供直接订货服务,同时还可以与一些有关的电子商务服务机构进行合作,直接在网上实现支付结算,简化了过去资金流转的问题。其优点有:第一,生产者能够直接接触消费者,获得第一手的资料,开展有效的营销活动;第二,省略了经销商和营销上网等中间流通环节,节约了买卖双方的费用,使经济效益得到了有效的提高;第三,企业可以直接利用网络聊天工具与消费者进行联系,以便对用户需求什么样的产品、对产品有什么意见等问题及时沟通了解,进而有针对性地提供技术服务,改善产品的质量,调整企业的经营管理策略。

2. 间接营销渠道

该渠道是指生产者不是直接在自己的网站上销售商品,而是通过特定的中间商机构,在融入了一些互联网技术之后再将产品销售给最终用户。间接营销渠道一般适用于生活资料和小批量商品的销售,它的优点在于:克服了直接营销渠道的缺点,将网络商品交易的中介机构参与进来,使其成为连接买卖双方的关键纽带。

3. 双道法

"双道法"即企业同时使用以上两种渠道,以最终达到网络销售量最大的目的。因为在网络市场条件下,对消费者来说,往往两条渠道并用比只通过一条渠道效果更好,更容易实现"市场渗透"。

三、网络营销的渠道建设研究

(一)网络营销渠道建立的要素研究

1. 产品特性

在进行网络销售渠道的选择时首先要注意产品的特性。有少数产品易于数字化就适合直接的网络传输进行销售,以节约时间;有些产品的选择性不强,不能让消费者产生很强的购买欲,要适当协调;而有些有形产品或部分无形产品,虽然具有较强的选择性,但又必须通过传统的配送渠道才能实现货物的空间转移。

2. 目标市场

企业在设计营销渠道时应考虑目标消费者的特性。一般来讲,企业刚刚开始网络经营时,总是先把某些特定特征的消费者作为销售对象。一旦经营成功,它可能会扩展到其他新市场中去。

3. 企业自身实力

一个企业,其自身实力的大小,可选择的网络营销渠道也自然不同,主要包括两个方面:资金实力和技术实力。倘若一个企业的技术实力很强大,可以通过开办自己的专属网站进行营销,而该网站又能够更好地为本企业的其他项目服务;反之,倘若一个企业的实力不强或很弱,则应该选择专门的网络中介商来进行营销和其他业务更为划算。

4. 渠道成员

企业在建立间接的网络营销渠道时,要涉及网络中介商的五大因素:第一,成本,使用中介商信息服务时的支出;第二,信用,网络信息服务商所具有的信用程度的大小;第三,覆盖,网络宣传所能够波及的地区和人数;第四,特色,不同网络营销渠道的特点和目标受众群的区别;第五,连续性,网络发展的实践证明,网络站点的寿命有长有短。

(二)网络营销渠道的建立分析

网络营销是一种技术手段的革命,而且包含了更深层次的观念革命。网络营销赋予了营销组合以新的内涵。其主要做法为:第一,设立产品展示区,将产品图像进行电脑技术设计,通过立体形象的方式展现在网络用户面前;第二,选择合适的销售代理,网络营销面对全球顾客,企业必须在各国建立相应的代理网点;第三,网络营销与银行结算联网,开发网络结算系统。

在传统的运行方式下,企业在了解消费者的需求及发行潜在消费者方面有一些不可逾越的鸿沟,而在网络营销方式下,在互动沟通过程中可以实现信息对称,不受任何外界因素干扰,从而使得产销之间实现一对一的深层次双向沟通。

(三)网络营销渠道的完善分析

1. 从消费者角度分析

一个企业的网站,要想吸引消费者来进行购物,必须采用他们容易接受的方式、并让他们真正放心才行。要做到这点,就需要满足以下几点:精美的界面设计、明确的购物和联系方式、详细的企业介绍和产品介绍等。

具体来说,完美企业网站应做到:第一,订货系统简单明了;第二,提供产品搜索和分类查找功能;第三,对于不安全的直接结算方式,应换成间接的安全方式;第四,完善配送系统。

2. 从企业角度完善渠道

企业在应用过程中应不断完善自身的网络营销渠道,以吸引更多的消费者。

第一,结合相关产业的公司,共同在网络上设点销售系列产品;第二,在企业网站上设立虚拟店铺;第三,网络营销渠道再造,可分为价格入市、运作分销商、符合渠道、终端管理、渠道促成五个基本部分。

第五节 网络营销服务策略

一、网络营销服务策略的内涵研究

网络营销服务是借助互联网技术可以更好适应顾客的个性化需求发展需要,提高顾客满意度,满足顾客的更高要求,进而培养顾客对企业或产品的忠诚度。正所谓:"顾客就是上帝",让顾客满意是网络营销服务的本质,也是评价网络营销服务质量好坏的唯一标准。而怎样才能让顾客满意,就是企业要考虑的问题。那就是要满足不同顾客的不同需求,倘若企业能够为顾客提供满足其更高层次需求的产品或服务,那么顾客的满意度自然就相应地提高了。

二、网上产品服务研究

网上产品的服务,按照顾客与企业或产品发生关系的阶段,依次分为三个阶段:销售前阶段、销售中阶段和销售后阶段。相应地,网络营销产品服务也可以划分为以下三种:售前服务、售中服务、售后服务。

根据买卖双方的需求可知,网上售前服务主要提供的是信息服务。该部分内容主要包括:企业可以免费地在网站上发布各种产品的信息广告,描述产品的外观和特性,提供产品样品,提供检验检疫证明等。

网上售中服务提供的主要是网络产品在销售过程中的服务。该部分内容主要是指在产品的买卖关系已经得到确定之后,在等待产品即将送达指定地点的这一过程中的一系列服务。

所谓网上售后服务则指的是利用网上的直接沟通工具,企业可以方便、快捷地满足客户对已购产品的各种帮助、技术支持、售后问题和使用维护的需求等。该部分内容主要包括两类:一是基本的网上服务和产品支持;二是为了满足部分顾客的附加需求,企业给予的增值服务。

网上售后服务有以下几个特点:便捷性、灵活性、低廉性和直接性。

三、网上个性化服务策略研究

个性化服务也称定制服务,指的是为少数顾客尤其是特约消费者进行满足其特殊要求的单独服务。该类型的服务一般包括以下三个方面的特性,即服务时空的个性化、服务方式的个性化、服务内容的个性化。

网站风格个性化是指针对网站受众群体的喜好,提供多种可供选择的排版和布局,以适应人们对网站风格个性化的需要。网站功能个性化是通过网站功能设计实现企业网站与竞争者不一样的功能,包括访问流程和后台管理等面向前台和后台的功能差异。

网站系统要能够跟踪顾客的网上行为,并能自动地根据客户行为判断其对内容的喜好,以自适应方式调整网站内容,符合顾客的信息需求模式和获取要求。自适应网站具有调整自己以适应顾客不断变化的兴趣和欲望的能力。考虑顾客在网站上的行为,能够最大限度地精确推荐相关商品和销售信息给顾客,而这些商品和信息很可能对于个别的网站浏览者或个体而言具有很强的吸引力。

第六节　网络营销促销策略

一、网络促销概述

(一)网络促销的本质与特点

网络促销是在传统的线下促销理论基础上发展起来的,它们的本质都是一致的,即出于销售的目的,企业与消费者之间进行的信息沟通活动。

一般来说,网络促销要达到三个方面的作用:第一,提供信息,企业通过网络渠道将品牌、商品和服务的信息传达给目标客户,收集并评估客户的反馈意见,据此调整企业的营销策略和下一次促销活动;第二,突出特点,在竞争激烈的网上市场中,企业的促销活动要着重突出品牌定位、企业资源、价格等方面的差异化特征,使目标客户了解产品和服务会给他们带来的特殊利益,提高客户的兴趣;第三,促进需求,不断加深企业和产品在目标客户心中的印象,提高客户的忠诚度,从而达到稳定和提高销售量的最终目的。

(二)网络促销的特点

互联网上的信息在全球范围内快速传递,突破了传统促销方式下的时空限制,信息受众广泛,使企业的促销成本大幅度降低,而宣传效率却成倍增长,一条信息可在一天内传播全中国,这种效果是传统促销方式所难以企及的。

由于网络信息透明化,网上的消费者对信息的掌控和辨别能力与以前相比有了很大提高,消费观念更趋向于理性选择,消费者对企业和产品的忠诚度被弱化,这势必会加大促销信息说服客户的难度。网络的交互性特征也要求企业必须重视网上客户的信息反馈,强调客户体验和参与。

与传统的线下促销不同的是,网络促销中企业与客户不直接见面,完全利用计算机通信技术来交流彼此的思想和意愿。互联网世界的共识是:大的流量与点击数就意味着被公众关注,这是进行一切营销活动的前提。

(三)网络促销对象

1. 产品的使用者

产品的使用者这里指的是实际使用或消费产品的人,实际的需求构成了这些顾客购买的直接动因,抓住了这一部分消费者,网络销售就有了稳定的市场。

2. 产品购买的决策者

在许多情况下,产品的使用者和购买决策者是一体的,特别是在虚拟市场上更是如此,因为大部分的上网人员都有独立的决策能力,也有一定的经济收入。

3. 产品购买的影响者

在看法或建议上对最终购买决策可以产生一定影响的人,在低价、易耗日用品的购买决策中,产品购买的影响者的影响力较小,但在高价耐用消费品的购买决策上,影响者的影响力较大。

二、网络促销组合

(一)网络广告

网络广告又称电子广告,指企业购买互联网媒体发布产品或服务信息,是传统广告在网络上的一种延伸。

(二)站点推广

企业利用各种网络工具和营销手段吸引网上流量。扩大自己站点的知名度,以达到宣传企业、宣传产品的效果。

(三)销售促进

企业为提升销量而在网上采取的奖励购买的措施。主要有赠送优惠券、红包,满额赠送或减价等形式。

(四)公共关系

企业充分利用互联网的交互性特征,树立企业的良好形象,提高知名度,建立与客户和社会公众间的和谐关系,以营造有利的经营环境。

三、网络促销的实施步骤

(一)确定促销对象

企业实施网络促销活动前,必须准确定位所服务的消费者群体。通过市场调查了解目标客户的需求,站在客户的角度去考虑他们会采用哪些搜索方式、哪些消费习惯等,并据此选择人群、主题等最适合的网站及最适合的方式做宣传。

(二)确定促销目的

促销是为了传递信息,其最终目标与企业的整体营销目标是一致的,都是为了成功地达成交易。但对于每一次的具体促销活动,情况不同,促销的目的也是不同的。

(三)决定促销组合

促销目的影响促销组合的选择。如果网络促销的目的是希望快速提升销量,那么企业就要在短期内加快信息传递,所采用的促销组合方案便侧重于网络广告并配合销售促进措施。如果网络促销的目的是树立品牌形象,那么企业就应当坚持长期持久的信息传递,所采用的促销组合就应侧重于站点推广和宣传报道,以图建立广泛的公众关系。

(四)制定方案并实施

促销活动的方案一般包括促销对象、促销活动目的、财务预算、人事和时间安排等,还要预先估计某些意外情况的发生或者竞争对手的反应,并制定应对措施。

(五)评估促销效果

促销效果评估包括事前评估、事中评估和事后评估。评价主要依赖于两个方面的数据:第一,网站的各种技术指标统计;第二,对市场实际效果的调查。

第七节 网络营销策划活动的管理

一、网络营销管理概念

目前,许多中小企业普遍存在一个网络营销的瓶颈问题:不知道怎样对网站访问的统计数据进行分析,因此不能做出适当的调整以改进营销策略。大部分的网站经营者只知道利用搜索引擎为自己带来希望的访客量,但是却不知道怎样将网站的访客量转变为本企业产品的销量。

在整个网络营销活动中,从始至终贯穿着网络营销管理。它包含着繁复多样的内容,不仅在每一项网络营销职能中涉及多种具体的网络营销管理内容,而且在网络营销的不同阶段,也会有不同的网络营销管理的实现手段和任务。

二、网络营销管理的分类研究

(一)按照网络营销的基本职能划分

根据网络营销的职能,我们可以将其管理分为以下几个类别:①网络品牌管理;②网站推广管理;③在线顾客关系管理;④网上市场调研管理;等等。

(二)按照网络营销工作的性质划分

根据网络营销的工作性质,我们可以将其管理划分为以下几个类别:①单项网络营销管理;②阶段性网络营销的管理;③连续性网络营销的管理。

(三)按照网络营销工作的内容划分

根据网络营销的工作内容,我们可以将其管理分为以下几个类别:①基础环境管理;②产品和服务管理;③网站流量统计管理;等等。

(四)按照网络营销管理的形式划分

根据管理学的研究方法和形式,我们可以把网络营销管理分为以下几类:①网络营销人员管理;②网络营销计划管理;③网络营销组织管理;等等。其中,这每一类管理职能中又包含了许多具体的网络营销管理工作,对应于每一步网络营销策略的具体实施。

(五)按照开展网络营销的阶段划分

根据网络营销的开展阶段,我们可以将其管理分为以下几个类别：①总体策划阶段的管理；②准备阶段的管理；③效果控制与评价管理；等等。

三、网络营销管理的一般内容

现常用的网络营销管理内容是根据网络营销八项基本职能分类，具体内容分析如下。

（1）网络品牌管理：网络品牌管理是指通过合理利用各种网络营销途径创建和提升品牌，主要内容包括网络品牌策略制定、网络品牌计划实施、网络品牌评价等。

（2）网站推广管理：网站推广的直接效果表现在网站访问量的增加、品牌形象提升、用户数量增长等多个方面，网站推广管理是网络营销管理的基础内容之一，也是最基本的网络营销管理活动，主要包括：网站专业性诊断、网站搜索引擎优化状况诊断、网站推广阶段计划的制订、各种网站推广手段管理、网站推广效果分析评价（如网络广告、E-mail 营销、搜索引擎营销等）、网站流量统计分析、网站访问量与效果转化分析等。

（3）信息发布管理：信息发布包括网站的内容策略及内容管理、外部信息发布渠道管理、信息发布的效果管理等。

（4）在线顾客关系管理：包括用户行为研究、用户资料管理和有效利用、顾客关系营销策略的效果评价等。

（5）在线顾客服务管理：在线顾客服务的基础是有效利用在线服务手段，对各种在线服务手段的特点进行研究并制定适合用户要求的顾客服务策略构成了在线顾客服务管理的基本内容。

（6）网上促销管理：针对不同产品/服务，制定不同阶段的促销目标和策略，并对在线促销的效果进行跟踪控制。

（7）网上销售管理：主要内容包括在线销售渠道建设，在线销售业绩分析评价，网上销售与网站推广、网上促销等工作的协调管理。

（8）网上市场调研管理：包括在线市场调研的目标、计划、调研周期管理，以及调查结果的合理利用和发布管理等。

第七章 企业网络市场营销效果的评价与管理

在网络营销活动中,对营销效果进行评价是一项必不可少的工作。网络营销效果综合评价是对一个时期内网络营销活动的总结,也为制定下一阶段网络营销策略提供了依据。评估指标代表了企业绩效的衡量标准,为企业营销活动提供了至关重要的反馈。

第一节 企业网络市场营销效果评价体系的构建

一、网络营销评价的概念

所谓网络营销评价,是指运用从定性到定量的综合集成方法和技术,对开展网络营销企业网站的各个方面(包括网站访问量、个人信息政策、顾客服务、产品广告和在线服务等)的数据进行加权处理和分析,以期评价网络营销的综合效果。网络营销效果综合评价既是对一个时期内网络营销活动的总结,也是为制定下一阶段网络营销策略提供依据。在我国现阶段,网络营销实施效果的综合评价还处于起步期,尽管各个网站采取的评价方法各不相同,制定的评价标准也不一致,但这并没有影响网络营销评价的快速发展,企业的管理者们逐渐认识到了网络营销评价的重要作用,综合评价的价值越来越凸现。目前,无论是外部专门机构的网络营销评价,还是企业自身的网络营销评价工作都得到了空前的发展,并积极地建立和完善评价体系。

二、网络营销效果评价指标体系的建立原则

网络营销效果评价的目的就是通过采用一套指标体系,按照统一的评价标准,对企业网络营销的发展能力和营销状况做出客观、公正和准确的解释。网络营销效果评价指标体系建立的基本原则有以下几点。

(一)目的性原则

目的性原则是指所建立的评价指标体系要能客观、准确地反映网络营销的综合效果,为企业决策提供有用的信息。

(二)科学性原则

科学性原则是指企业所建立的评价指标体系应与企业所在的行业特征相匹配,通过指标体系核算与综合评价,能客观准确地找出网络营销的实际运营效果与目标值之间的差距以及问题所在,同时判断与竞争对手的差异。

(三)全面和客观的原则

全面和客观的原则要求所建立的指标体系应该包括纵向比较指标和横向比较指标,能够完整地多角度、多层次、分阶段反映企业网络营销的效果。

(四)实用性原则

实用性原则要求所设计的评价指标应该具有可操作性和可行性,且不应该具有二义性。为提高评价工作的实际效果,指标体系的核算应该建立在现有的统计数据的基础上。

三、评价网络营销效果的步骤分析

(一)确定网络营销目标

1. 销售型

销售型网络营销目标是企业希望借助网络的交互性、直接性、实时性、全球性和便利性拓宽企业的销售渠道,同时为顾客提供方便快捷的网上销售点,换句话说,目的是利用网络站点的广告宣传,直接促使消费者成为购买者,以增加公司的销售额。

2. 品牌型

在网上建立自己的品牌形象,宣传企业或提高企业品牌知名度,加强与消费者的直接联系与沟通,建立品牌忠诚度,为企业的未来发展奠定基础。对他们而言,多媒体信息的一致性就意味着成功,就算是达到了营销目标,而最终的成功取决于用户对企业关键信息的意识和对企业产品的偏好。

3. 服务型

为消费者提供网上联机服务,消费者通过网上服务人员可以远距离进行咨询和售后服务。目前,大部分信息技术型公司都建立了此类站点,这类公司以顾客电话等候时间的减少和得到公司有效帮助的顾客人数的增加来衡量成功。

4. 混合型

主要是以以上三种类型的组合,以同时达到上面几种目标。通过网络营销,全面降低营销费用,改进营销效率,促进企业的营销管理和提高企业的竞争力。

(二)确立网络营销的评价标准

标准的类型取决于网络营销计划的目标,可以将目标设计成由上到下的形式,由对业务有贡献的目标开始,到获得消费者满意的营销结果、行为和网站推广等目标。

1. 交易效果的评价

评价网络如何对整个交易产生影响、对交易有什么贡献,这包括渠道营利性评价。

2. 营销效果的评价

营销效果评价将揭示电子商务网站在多大程度上实现了营销目标。这主要是渠道满意度和渠道产出评价。

3. 网络营销效果的评价

网络营销效果评价是评价用于有效网络营销所需的在线网络营销技术工作效果如何,这包括渠道促销、渠道行为和满意度等。

(三)选择评价网络营销工作的基准点

网络营销评价工作是一个相对的过程,这样就需要选择一个比较的基点。基准点的选择有多种形式,比较自己和竞争对手、比较本公司的现在和过去等,都可以据此得出较为客观、公正的结论。

(四)比较网络营销效果与目标

根据确立的评价目标和评价标准,来判断和检查网络营销的实际效果,及时找出问题和差距,与企业总体营销战略的评价相结合,从而促进下一阶段网络营销系统的正常运行。

(五)制定评价报告和控制方案

网络营销效果评价报告应该包括:评价目的,所选的评价标准体系、收集结果数据和数据分析、综合分析和评价、存在的问题。

四、企业网站的网络营销效果评价指标

随着网络营销应用的深入,对企业网站内容、功能、服务等方

面的要求也会越来越高,并且企业竞争者的网络营销水平也可能在不断提高,这就对企业网站的专业性提出了更高的要求。

(一)网站建设专业性评价

1. 网站建设专业性评价的方法

(1)主观评价

主观评价是指依靠人的主观判断来评价网站的优劣,专家评价和用户问卷调查是常用的两种方式。专家评价法有集思广益的好处,它能够对各个被选网站进行全面综合的评价,不过也有一定的局限性:能够集中的专家团人数有限,导致代表性不够全面;有些专家的倾向性无法避免等,这些缺点都会对整个评价结果的公平公正造成影响。问卷调查通常有抽样调查和在线调查等形式。

(2)客观评价

客观评价是指通过测评网站实际运行情况来判断网站的好坏,当前一般用的就是网站流量指标进行统计。它是利用特定的软件对网站访问量进行的统计。

(3)综合评价

综合评价是综合以上两种方法的优点,动态监测、市场调查、专家评估为一体的综合评价模式,这需要有科学的分析评价方法,全面、公平、客观的评价体系,权威、公正的专家团体,也需要有科学、合理并有足够样本量的固定样本作为基础。

2. 网站综合评价指标体系的设置

(1)网站技术

网站技术涉及网站的功能,如搜索、运行和展示等。企业可以利用专业的在线网站评测工具和先进的技术手段等,去评估网站的响应时间、搜索时间、规范性和兼容性等技术要素以及网站所具有的其他功能。

(2)网站内容

一个网站的主要构成因素和核心就是该网站的内容。每个登录网站的用户无不是为了想要得到他们所需的内容。同时,网站是否具有可靠性是消费者能否信任其提供的内容,是否愿意浏览网站的关键。

第一,是否提供了用户需要的详尽信息,如产品介绍、售后服务和服务承诺等,所提供的内容是否真实准确?如果网站信息内容具有很强的可用性,则可以大大缩短用户搜索信息所花费的时间,提高用户的使用效率。相反,如果网站的内容不能保证一定的准确性,则会大大降低用户对该网站的信任度。

第二,网站内容能否及时更新,对于过期的信息能否及时予以处理?要知道,用户不会浪费时间去浏览过时的、重复的内容,他们没必要把时间浪费在一个已经了解或掌握的信息中,因此网站管理者要及时、快速地更新本网站的内容。

第三,网站的内容能否满足目标用户的需要。建立网站就是为了满足客户的需求,因此,客户需要什么,网站中一定要尽量提供,而且要准确、详尽、全面地提供,否则目标用户只会慢慢流失。

(3)网站运营

这是在网站发布以后的诊断和评价,及时发现运营过程中出现的问题,进行适时地调整和改进。

(二)网站访问量指标的评价

网站访问统计分析是网络营销评价的重要方法之一。通过网站访问统计报告,一方面能够对网络营销所取得的效果做到详细的了解,另一方面也可以通过对统计数字进行详细分析从中发现许多有说服力的问题。

通常说的网站流量(traffic)是指:"网站的访问量,是用来描述访问一个网站的用户数量以及用户所浏览的网页数量等指标。"[1]常用的统计指标包括网站在一定统计周期内(例如每天、每周或者每月)的总用户数量(含重复访问者)、独立用户数量、网页浏

---

① 康亚娟.浅谈提高网站访问量的策略[J].中国市场,2011(36)

览数量、每个用户的页面浏览数量、用户在网站的平均停留时间等。

(三)关于网站推广效果的评价

网站推广的效果是对网站建设的专业性,尤其是网站优化水平的综合反映,也在一定程度上说明了网络营销人员为之付出的努力,而且可以在一定程度上进行量化分析。网站推广可分为四个阶段:策划建设阶段、网站发布初期、网站增长期、网站稳定期。在网站推广运营的不同阶段有明显的阶段特征,相应地对每个阶段也有不同的评价内容,例如网站建设完成后需要对网站专业性进行评价,而网站访问量进入快速增长期后则要对访问量增长率、各种推广手段的有效性等进行评价。

从网站推广的总体结果来看,网站推广效果的评价指标主要包括:网站被主流搜索引擎收录和排名状况,网站注册用户数量,获得其他相关网站链接的数量等。

1. 网站被主流搜索引擎收录和排名状况

这一评价指标可以从三个方面进行评价:

(1)网站被各个主要搜索引擎收录的网页数量

网页被收录的数量越多,意味着被用户发现的机会越大,这也就是搜索引擎目标层次原理中的第一个层次,即增加网站的搜索引擎可见度。对搜索引擎收录网页数量进行评价,实际上也反映了网站的内容策略是否得到有效的实施,内容贫乏的网站自然不可能产生大量高质量的网页。因此对搜索引擎收录网页数量的比较,往往可以反映出不同竞争者网站之间网页推广资源的差异。

(2)被搜索引擎收录的网页数量占全部网页数量的比例

理想的情况是网站所有的网页都被搜索引擎收录,但实际上由于一些网站在网站栏目结构、链接层次和网页 URL 设计等方面的问题造成大量网页无法被搜索引擎收录,这样网站内部网页资源的价值就无法通过搜索引擎推广表现出来。网站被搜索引擎收录的网页比例越高,就说明网站基于搜索引擎自然检索推广的基础工作越扎实。

(3)在搜索引擎检索结果中有较好的表现

在前两项评价的基础上,还有必要对网站在主流搜索引擎检索结果的表现进行评价,尤其是利用网站的核心关键词进行检索时,与竞争者相比,在这些关键词检索结果页面中的优势地位如何。因为搜索引擎推广在一定程度上可以理解为与竞争者为有限的搜索结果推广资源而竞争,只有优于竞争者才能获得用户的关注。这里所讲的核心关键词是指,为网站通过搜索引擎自然检索带来较高访问量的关键词,也即"长尾理论"中反映在头部的部分重要关键词。因为用户检索行为的分散性,不可能对用户检索的所有关键词进行分析评价。

2. 网站访问量和注册用户数量

网站访问量是网络营销取得效果的基础,也在一定程度上反映了网站获得顾客的潜在能力。注册用户数量反映了通过网站推广获得的网络营销资源,例如注册用户资料是开展内部列表 E-mail 营销的三大基础之一。网站访问量指标则直接反映了网站推广的直接效果,对网站访问数据的统计分析也是网络营销管理的基本方法和基本内容,因此对于网站访问量指标及其对网络营销的意义等将在接下来内容中详细介绍。

3. 获得其他网站链接的数量和质量

在常用的网站工作中,常用的推广方法之一就是获得相关网站的链接,因此网络营销人员对网站推广工作的成效可以体现在获得其他网站链接的数量和质量上,特别是可以反映网站在行业中受到其他网站关注的程度。不过网站链接的数量与网站访问量之间并没有严格的正比关系,有些相关网站链接可能带来明显的访问量,也有些链接对网站推广的效果并不显著。不过从网站链接在搜索引擎优化中的意义考虑,高质量的网站链接仍然是有价值的。

(四)各种网络营销活动反应率指标的评价

在现代企业网络营销活动中,访问量的增加并没有体现出活动的效果,而是对于活动的效果直接达到销售促进的效果。因此网站访问量指标就不能用来衡量评价效果。例如企业进行促销活动时,发送优惠券是通过采用电子邮件方式,这样用户就无须登录网站,而是通过直接下载就可以在传统商场进行消费使用,这时如果通过观察网络促销活动的效果来增加网站流量是不可能的,因此只能用该次活动反应率指标来评价,如优惠券的下载数量,以及在商场中兑现的数量等。

第二节　企业网络市场营销效果评价的意义和方法

一、网络营销效果评价的意义

(一)网络营销效果评价是开展网络营销的需要

网络营销和企业管理活动一样,都应该包含评价反馈环节。开展网络营销评价活动对于现代企业来说是非常有必要的。企业为了更好地实现网络营销的目标,就必须积极对本企业的网络营销计划、营销实施过程的效果进行客观、合理的评价,以便更客观、更有效地了解到企业在网络营销活动中需要坚持和改进的方面。网络营销效果评价的有效实施,能够使现代企业及时认知到目前所采用的网络影响的方法与策略是否适当,以便积极进行合理的改进,从而更好地为企业带来效益。

(二)网络营销效果评价有利于改善企业的市场营销

作为企业市场营销中的一个组成部分,改善企业网络营销能够有效地实现企业市场营销的顺利发展。更有利地是现代企业通过网络营销效果评价的有效实施,能够获得传统市场营销效果评价中难以获得的信息。所以说现代企业通过开展网络营销效果评价,促进了企业营销活动的整体开展,及时帮助企业调整营销策略,实现企业的整体稳步发展。

(三)网络营销效果评价是提高企业服务水平的需要

现代企业通过实施网络营销效果评价活动,能够从消费者那里获得最原始的反馈数据和信息,比较客观、真实地反映了消费者的意愿,从而使企业更加明确了今后的发展方向。可以说企业通过设定网络营销效果评价指标体系,能够直观上把市场上消费者的意愿最大限度地体现出来了。从而引导企业改进网络营销计划和网络营销策略,推动企业的发展。

(四)网络营销效果评价是提高企业知名度的需要

在现代社会中,企业知名度的提高极大程度上依赖于企业的宣传力度。宣传企业是现代企业开展网络营销的目的之一,从而极大地提高企业在世界范围内的知名度。现代企业通过实施有效的网络营销效果评价一方面有利于企业的宣传,另一方面还能为企业树立良好的形象奠定基础,通过在知名的专业网络营销效果评价网站上靠前的排名,借助第三方机构的力量来宣传企业,从而收到良好的宣传效果,这是直接的广告宣传所无法比拟的。

二、网络营销评价的方法

(一)BizRate 网络营销评估法

BizRate.com 号称是第一电子商务门户网站,公司成立于1996年,它采用的是"在线调查法"进行对各个电子商务网站评比之后的所有资料的收集。这些收集来的所有资料均是对真实顾客的一对一的在线调查。

BizRate.com 从网上购物者那里不断收集、掌握哪些商店好、好在什么地方以及每天的服务如何变化等信息,可以根据消费者的特殊需求找出最合适的网站。

第七章　企业网络市场营销效果的评价与管理

(二)消费者在线报告评价法

消费者在线报告由消费者联盟发布管理,消费者联盟是一个独立的、非营利性测试和信息组织。消费者在线报告评价法对电子商务网站的评价与传统产品评价方法类似,采用研究人员观察法,即对被评价网站的主要方面进行评价,包括:第一,网站流量、销售额、网站政策;第二,使用方便性;第三,网站内容。

(三)Forrester强力评比法

该方法通过公正的专家分析、在线消费者调查、站点表现的统计数据三者的强力结合,进而对某个站点进行客观、全面的评价。该方法能够帮助消费者做出更好的购买决策,而且还能给该企业网站的经营努力做一个公正的评价。

Forrester强烈评比方法是采取专家实际购物测试与消费者调查资料相结合的方式,两类数据结果将赋以权重,消费者的资料为2/3,而专家购物资料为1/3,最后得分以百分制表示。

(四)直接回复网址的网络营销评估方法

一些营销研究机构从网络营销的直复功能出发,开发出一种营销评估方法——直接回复网址(Direct Response Web Site),以下简称直复网址。直复网址的设计思路是:要利用网络即时、互动的特性得到顾客(或潜在顾客)的实时回复。所谓回复(response)是指当测试的目的针对某项特定的活动时,公司需要的是与此活动有关的特定的反馈信息,可见回复不完全等同于反馈信息(feedback)。为了准确评估某项营销活动的效果,得将其他的反馈信息和与之有关的回复分离开来,需要采取合理的信息分流,信息清晰分离后,即能精确获得服务于评估目的的回复数据,由此进行分析,可得到对该项营销活动效果的评估,又可以总结出优化营销效果的措施。这种网址在形式上和普通网址并无区别,仅仅是增加了一些具有直复特性的元素。可见,这种评估方法的根本出发点仍然是网络即时、互动的特性,其实质无非是将网络的特点结合传统营销的技巧和概念灵活运用。下面具体阐释一下直复网址的设计中蕴含的经典的市场营销的概念和技巧。

1. 优选目标市场——测试对象

与其他直复营销媒体的评估一样,直复网址针对某一营销活动进行评估的第一步就是要选择合适的测试对象。利用传统营销理论中的 STP(segment、target、position)方法,可以找到与该项营销活动相配的细分目标市场。这时,既可以直接将直复网络和目标市场的网络连接起来,也可以间接将网络营销和目标市场联系起来,即在电视、POP 广告等这些传统媒体的醒目位置上打上公司的网址,引导消费者去浏览该网址,利用目标市场中已有的传统营销媒体进行复合营销。

2. 给出优惠条件,诱使浏览者乐于回复

确定出测试对象后,接下来就是要收集每一位浏览站点的测试对象的基本数据:姓名、性别、教育程度、收入、联系方法等。这些数据并不能直接获得,只有当浏览者愿意告诉网络营销者的时候,网络营销者才能得到这些数据,但是,浏览者并没有义务在一些站点设置的浏览者登记簿上填写这些信息,这是网络文化固有的保护个人隐私的特性所决定的,所以,企业要获得这些数据须付出相应的代价。要使浏览者乐于留下这些基本数据其实也很简单,只需将传统营销的一些促销策略稍加变化应用到网上即可,比如,网上竞赛、网上折扣、网上优惠价、网上抽奖等方式均可运用。但需要注意的是,网上信息传播速度之快,非常人所能想象,不排除大多数浏览者冲着免费品而来,如果网络营销者事先没有设计好有效的控制策略,网络营销者很可能会因此而大出血本,因此网络营销者不要滥给免费品。下面是一个控制得较好的例子:SoftMail Direct 公司为了促销它的"站点评论"这项新的服务,在商业刊物刊登广告时给出了如下有吸引力的优惠条件:提供免费的站点评论,有机会获得价值 1000 美元幸运奖。公司将从 1995 年 12 月 15 日到 31 日期间所有在指定的 URL 上登记的浏览者中随机抽取的 100 名幸运者。

3. 浏览者信息分流

如果将针对某项营销活动的特定的回复信息和其他目的的反馈信息混在一起,公司还是无法评估某项特定的网络营销努力是否成功。例如对于上例(SoftMail Direct 公司),如果冲着免费评论目的来的浏览者和需要"站点评论"服务支持的浏览者(被评估的网站)都在同一个地址上登记,公司就无法使用这个地址上的浏览者数据来评估新服务是否有效。为了解决这个问题,必须为不同的目的设置不同的网址以便将不同用途的信息分流,具体操作为:将当前主页复制一份,然后再在同一目录下另存一个名字即可。

4. 测试、评论并采取优化措施

评估的过程就是利用上述基本数据,计算相应评估指标,并与预期目标进行比较,得到正确的结论。由评估的结果网络营销者可以了解,哪些营销努力是没有市场效益的,哪些是卓有成效的,这样网络营销者就能够果断地采取优化措施,撤销无效的努力,将其资源集中到有效的营销努力上来。总之,有了数据分流的观念后,可以很容易地评估每一项营销努力的效果,甚至通过巧妙的分流方法可以评估每一项营销努力中哪些具体的措施在起着关键的作用。

第三节 网络市场营销的风险控制

一、网络营销的安全性及其风险控制

(一)信用风险

网络营销发展的主要障碍即是信用风险,这是因为信用是网络营销开展的基本前提,也就是说在市场交易过程中双方必须相互信任,信守承诺。可以更为简单地理解为:在交易的过程成,买方要尽可能地信任卖方商品的质量保证;而卖方尽可能地信任买方的购买能力,双方都履行交易时达成的承诺。但是,在当前的市场经济条件下,存在着各种交易风险,假冒伪劣盛行,诚信缺失,造成企业网络营销活动难以有效开展下去。具体的信用风险来自两个方面。

1. 来自买方的信用风险

集团购买者拖延货款的行为时有发生,从而导致卖方承担很大的经济风险;个人消费者利用网络的便利条件下使用伪造的信用卡或进行恶意透支行为以骗取卖方的货物。

2. 来自卖方的信用风险

卖方不能完全履行与集团购买者签订的合同,或者在商品质量方面存在问题,或者不能按时寄送买方购买的货物,这些因素都会给买方造成风险。

(二)技术风险

技术风险就是企业技术方面存在各种各样的问题,由于技术手段落后或者存在技术缺陷,从而给买卖双方的交易行为带来的风险。常见的技术风险有以下几种。

1. 信息丢失

交易信息的丢失,主要是在以下三种情况发生的时候:一是因安全措施不当而丢失信息;二是因线路问题造成信息丢失;三是因在不同的操作平台上转换操作而丢失信息。

2. 篡改数据

网络攻击者利用自己的技术手段在没有经过企业授权的前提下对企业的网络交易系统进行各种违法操作,对企业发布的一些重要信息进行删除、修改和伪造,造成网络营销中的信息风险。

3. 冒名偷窃

为了获取企业重要的商业机密和信息,网络"黑客"往往采用源 IP 地址欺骗攻击。具体来说,入侵者伪装成一台内部主机的一个外部地点传送信息包,使用报文传输代理在 E-mail 服务器客户端冒充他人,以达到窃取信息的不良目的。

4. 信息传递过程中的风险

在网上传递过程中,往往是要经过许多环节和渠道才能成功获得信息。虽然现代信息技术获得了飞速发展,针对网络上各种违法犯罪行为,已经研发了很多新的技术来克服、抵制针对企业信息的行为,但是仍然不可避免的是存在着各种防范技术被新技术攻击的可能性。一方面由于受到外界的物理干扰,使得数据的完整性和真实性都受到了极大的影响,例如地理位置复杂、自然灾害、通信线路质量差等原因的影响。另一方面各种违法技术手段的存在,严重威胁电子商务交易的安全,造成数据在传输过程中存在泄漏的风险,如计算机病毒的侵袭、"黑客"的非法入侵、线路窃听等手段。

(三)商业风险

商业风险是指由于网络存在安全性方面的问题,使得企业在网上进行商品展示、广告宣传、商务谈判、订立合同、支付货款等一系列商业活动时,造成交易双方发生误解和损害,从而导致企业风险的存在。主要有:

(1)在表述商品或服务的质量和性能时由于存在理解上的分歧而导致交易双方产生纠纷。

(2)交易双方容易被虚假广告、小道消息引导。

(3)容易使得具有不良目的的个人或企业窃取和利用有关技术和标志等商业秘密。

(4)由于支付方式和手段落后,导致存在安全性隐患。

(5)商流与物流经常脱节,配送常出差错等。

(四)法律方面的风险

电子商务技术具有强大的生命力,是不断发展和进步的。这就使得在不同国家、不同地区企业和个人间可以交叉进行网络营销。但是由于各国的社会文化、风俗习惯以及法律制度的不同,也给企业网络营销活动带来了不可避免的问题。也就是说交易双方中由于法律制度不同,在一方看来是很正当的交易,但在另一方却被认为是不合法或不正当的,从而制约交易的发生甚至导致交易失败。

此外,其他方面的不可预测风险也是存在的。因此现代企业在对风险进行分析时,应该尽可能地、全面地考虑到一切可能导致风险的因素,包括总体的和个体的因素、直接的和间接的因素、主要和次要的因素、内部和外部的因素等。并从多角度对它们加以考察、研究,做到周密、细致地考虑风险因素的影响,从而面对风险采取针对性的防范措施。

(五)安全风险控制方法

降低网络营销风险的重要保证就是实施有效的严格管理手段。特别是在网络商品中介交易过程中,交易中心必须设立严格的监督管理制度,对进入交易中心的客户,实施管理,交易中心不仅要监督卖方按时提供符合合同要求的货物,还要监督买方按时付款。为了有效地防止此类问题的风险,现代企业需要制定完善的管理制度,加强人员管理和技术管理,从而形成一套互相关联、互相制约的制度体系。

当前电子商务交易平台中安全管理上最薄弱的环节就存在于人员管理方面。内部犯罪已经成为我国当前网络犯罪的发展趋势,其主要原因表现为管理松散、企业缺乏一定的安全教育、工作人员不具备较高的职业道德修养等。并且电子商务交易过程中存在着严重的恶性竞争行为,一些企业利用不正当的方式收买企业网络交易管理人员或者向竞争对手公司安排商业间谍,从而获取竞争对手企业的机密资料和数据。因此企业需要加强从业人员的职业教育,提高其职业道德修养,避免职业犯罪行为的发生。

网络营销存在的交易风险也是现代企业在技术管理方面存在各种疏漏造成的。有些操作系统中的某些用户是无口令的,从而利用这一漏洞,远程登录(telnet)命令登录这些无口令主机,把自己升级为超级用户,然后为所欲为,对交易系统造成严重威胁。所以企业需要加强网站的安全维护,加强技术管理,保证用户信息的安全。

二、网络交易的经营风险及其控制

对于一个完整的网络交易安全系统来说必须包含三个方面的措施。一是管理措施,包括企业必须制定完善的安全交易制度,并对此实施监控;及时检查网络系统存在的漏洞并提高工作人员应对风险的能力,加强企业工作人员的安全教育等。二是技术方面的措施,如网络防毒技术、防火墙技术、信息加密储存通信、身份认证、授权等。三是社会的法律政策与法律保障。

(一)防止"黑客"入侵

"黑客"的行为带有强烈的目的性,目前我们把"黑客"主要分为两类:一类是骇客,另一类是窃客。在"黑客"初期形成过程中,窃取国家情报、科研情报是其主要目的。而当前"黑客"把银行资金和在电子商务交易过程中的资金作为其主要目标。并且很多企业间存在着恶性竞争,为了实现其目的,往往会高薪聘请"黑客"进行幕后商业间谍战。

针对"黑客"的以上行为,也研发了多种防范"黑客"的技术措施,具体包含以下几类:浏览器/服务器软件、网络安全监测设备、访问设备、防火墙和安全工具包/软件、证书、商业软件。

(二)客户认证

客户认证是"基于用户的客户端主机 IP 地址的一种认证机制,它允许系统管理员为具有某一特定 IP 地址的授权用户制定访问权限。服务器和用户端无须增加、修改任何软件。系统管理员可以决定每个用户的授权、允许访问的服务器资源、应用程序、访问时间以及允许建立的会话次数,等等。"

在保证电子商务交易安全方面客户认证技术发挥着重要的作用。客户认证主要包括身份认证和信息认证。身份认证的目的是为了有效鉴别用户身份,信息认证的目的是为了保证信息的完整性和通信双方的不可抵赖性。在某些情况下,相较于信息保密,身份认证更为重要一些。例如,在进行日用品交易业务时,对于交易的内容买卖双方可能并不需要保密,但是对于是否准时接收到对方发送的消息以及双方收到的消息是否完整、准确还是需要确认的。另一个例子是对于网络中的广告信息,接收方对此最重要的关注点是确认信息来源的可靠性和信息的真实性。面对这种情况,处于首要地位的就是信息认证。

(三)网络交易系统的安全管理制度

维护网络交易系统安全问题是现代社会中参与网络交易的个人或企业都重视的问题,只是相对于个人来说,企业在网上所从事的贸易活动要更为频繁,使得这个问题就显得更加重要。网络交易系统安全管理制度是企业网络营销人员安全工作的规范和准则,也为企业网络营销取得成功提供了前提条件。任何企业实施网络营销活动时,把制定一整套完整的、适应于网络环境的安全管理制度作为首要的工作内容。具体包括以下几个方面。

1. 保密制度

现代企业在整个网络营销活动过程中,往往会涉及有关企业各方面的商业机密,诸如市场、生产、财务、供应方面的企业信息,因此,科学地针对信息内容划分安全级别,重点对存在安全隐患的信息进行防范,制定针对性的安全措施是非常有必要的。信息的安全级别一般可分为三级:

(1)绝密级:对于公司商品的订/出货价格、企业当前的运营状况以及有关公司未来发展规划的计划书等信息都属于企业绝对机密的信息,切不可泄漏。

(2)机密级:关于企业的日常会议通知以及日常管理状况等信息。

(3)秘密级:如公司简介、新产品介绍及订货方式等。

2. 人员管理制度

网络营销是一种高智力的劳动。因此对于从事网络营销的工作人员就提出了更高的要求,具体来说,网络营销工作人员首先要具备一定的传统市场营销的专业技能和经验;其次随着现代科学技术的发展,网络营销工作人员还需要具备精湛的计算机网络知识和操作技能。在现代市场经济的运行过程中,营销人员对于企业的支配作用也越来越显著,同时随着计算机网络犯罪的升级,企业会被要求对营销人员加强管理。在企业运行过程中,营销人员的管理需要遵循以下基本原则,也才有可能保证网络营销系统的安全运作。

(1)双人负责原则:对于现代企业中重要业务要避免实施一人单独管理行为的发生,尽可能地安排两人或多人负责管理,形成相互制约的机制。

(2)任期有限原则:对于与企业交易安全有关的职务,任何人都不能长期担任,需要规定一定的期限,定期调整。

(3)最小权限原则:对于企业网站必须明确规定进行物理访问的职责只有网络管理人员才能实行,对于软件安装也只有企业负责网络的人员才能进行。

3. 网络系统的日常维护制度

(1)硬件设备维护

目前,广域网并没有形成一套全面支持企业级广域网软硬件一体化的管理工具,缺乏系统的监测和维护工具是广域网存在的重要问题。因此对于当前国内广域网管理和维护来说其基本的发展方向就是推出系统监测和维护工具。这就要求网络管理员必须建立系统设备档案。具体来说,通过建立一个小型数据库就可以实现此项功能,当某地设备发生故障时,系统自动提示,网络管理人员便可上网查询。

(2)软件的日常管理和维护

需要加强日常管理和维护的软件有两类:一个是支撑系统软件,包括操作系统 Unix 或 WindowsNT,数据库 Oracle 或 Sybase,开发工具 PowerBuilder、Delphi 或 C 语言等。操作系统的维护包括以下几个内容:处理运行中的死机情况、定期清理日志文件和临时文件、实时监测服务器上用户注册数和活动状态等。二是应用软件,版本控制是应用软件的管理和维护主要内容。

(3)警惕网络陷阱

网络上存在着很多虚假信息,在从事网络营销时要高度警惕这些虚假信息,对于网络上常常会出现非常诱人的广告及免费使用的承诺要仔细进行辨别。

(4)数据备份制度

为了防止企业重要信息的丢失、损毁,企业往往需要借助于磁介质、纸介质、光碟、微缩载体等对这些信息进行备份与恢复。

(5)病毒防范制度

在网络环境下病毒的运行具有更强的传染性,这就严重影响和威胁到了企业交易数据的妥善保管以及网络交易的顺利进行。因此为了排除病毒的干扰,建立完善病毒防范制度是从事网上交易的企业和个人必须具备的条件。具体来说,为防范网络病毒的侵害,从事网络交易的企业和个人可以采取以下三个措施:一是安装防病毒软件;二是认真执行病毒定期清理制度;三是不打开陌生地址的电子邮件。

4. 审计、跟踪和稽核制度

(1)审计制度

经常检查、审核系统日志,监控和处理各种安全事件,及时查看对系统安全功能违反行为的记录以及对系统故意入侵行为的记录,保存、维护和管理系统日志。

(2)跟踪制度

为了有效记录系统运行的全过程,必须要求企业建立网络交易系统日志机制。企业的系统日志文件是自动形成的,内容包括以下几个方面：操作日期、登录次数、运行时间、操作方式、交易内容等。企业的系统日志文件能够有效地监督系统的运行以及故障恢复，并且通过它能够有效预防案件的发生，并且即使发生犯罪案件，破案人员也可以通过这个系统日志文件找到相关的监督数据，利于案件的侦破。

(3) 稽核制度

稽核制度是指利用计算机及网络系统，工商管理、银行、税务人员借助稽核业务应用软件调阅、查询、审核、判断辖区内电子商务参与单位业务经营活动的合理性、安全性，有效地针对相关漏洞进行堵塞，从而保证电子商务交易的顺利开展，发出相应的警示或做出处理的一系列步骤及措施。

参考文献

[1]李光明.网络营销[M].北京:人民邮电出版社,2014.

[2]刘春青,梁海波.网络营销[M].北京:清华大学出版社,2014.

[3]谢刚.网络营销[M].上海:华东师范大学出版社,2014.

[4]刘杰克.网络营销实战——传统企业如何借网络营销实现战略突围[M].北京:电子工业出版社,2014.

[5]郦瞻.网络营销[M].北京:清华大学出版社,2013.

[6]赵玉明,杜鹏.网络营销[M].北京:人民邮电出版社,2013.

[7]姜旭平.网络营销[M].北京:中国人民大学出版社,2012.

[8]陈水芬.当前企业网络营销风险及其规避措施[J].现代营销,2011(6).

[9]凌守兴.经济转型期企业网络营销伦理水平营销因素模型研究[J].科技管理研究,2014(7).

[10]李娜.论电子商务环境下的企业网络营销策略[J].现代营销,2012(12).

[11]梁佳宇.中小企业营销新特点与新策略研究[J].中国商贸,2013(31).

[12]王战平,钟玲玲.企业网络营销绩效评估指标体系构建研究[J].图书情报工作,2010(12).

[13]翟彭志.网络营销[M].北京:高等教育出版社,2009.

[14]尹瑞林.网络营销理论与实务[M.北京:人民邮电出版社,2011.

[15]周莉,尚永庆.网络营销实务[M].北京:北京师范大学出版社,2011.

[16]乌跃良.网络营销[M].大连:东北财经大学出版社,2009.

[17]史达.网络营销[M].大连:东北财经大学出版社,2006.

[18]秦琴,邱娜.网络营销与实务[M].北京:经济科学出版社,2010.

[19]李蔚田,杨雪,孙恒有.网络营销实务[M].北京:北京大学出版社,2009.

[20]冯英健.网络营销基础与实践[M].北京:清华大学出版社,2005.

[21]沈美莉,陈孟建,徐慧剑.网络营销与策划[M].北京:人民邮电出版社,2007.

[22]吕一林,李蕾.现代市场营销学[M].北京:清华大学出版社,2007.

[23]林丹明.电子商务案例[M].北京:中国经济出版社,2001.

[24]方真.电子商务教程[M].北京:北京交通大学出版社,2004.

[25]陈拥军.电子商务与网络营销[M].北京:电子工业出版社,2008.

[26][美]Mike Moran,Bill Hunt 著.搜索引擎营销——网站流量大提速(第2版)[M].董金伟,祝贺译.北京:电子工业出版社,2009.

[27][美]Andreas Ramos,Maggie Guan 著.搜索引擎营销的成功策略与技巧解密[M].赵利通译.北京:清华大学出版社,2009.

[28]杨坚争,杨晓鸿.网络营销技术[M].北京:中国人民大学出版社,2006.

[29]吴冠之.网络营销:战略、实施与实践[M].北京:机械工

业出版社,2004.

[30]朱祥贤.网络营销[M].北京:科学出版社,2004.

[31]曹进文.企业电子商务与网络营销[M].北京:科学出版社,2004.

[32]祖强.网络营销[M].北京:清华大学出版社,2004.

[33]沈凤池.网络营销[M].北京:清华大学出版社,2005.

[34]董丛文,易加斌.营销策划原理与实务[M].北京:科学出版社,2008.

[35]王方华.市场营销学[M].上海:上海人民出版社,2007.

[36]焦利军,刘庆君.市场营销学[M].北京:北京大学出版社,2009.

[37]王秀村,王月辉.市场营销管理[M].北京:北京理工大学出版社,2009.

[38]贾丹华,聂晶.现代市场营销[M].北京:清华大学出版社;北京交通大学出版社,2007.

[40]孙伟成,陈水芬,罗辉道等.网络营销的理论与实践[M].北京:电子工业出版社,2009.